유비쿼터스
ESG 경영과 리더십

Ubiquitous

유비쿼터스
ESG 경영과
리더십

ESG Management

이정완 지음

ESG는 금융 시장, 투자자, 소비자, 정부, NGO 등 다양한 이해관계자들에게 중요한 정보를 제공하며, 지속 가능한 비즈니스 모델을 구축하고 유지하는 데 필수적입니다. 이러한 과정에서 ESG 경영과 ESG 리더십은 더욱너 중요한 역힐을 하고 있습니다.
_프롤로그 중에서

좋은땅

‖ 목차 ‖

제2부. ESG 리더십

프롤로그

ESG는 환경(Environmental), 사회(Social), 지배구조(Governance)의 약어로, 기업이나 개인이 지구 환경 보존, 사회적 가치 실현, 그리고 사회적 책임을 지속 가능한 방법을 통해 실천하는 것을 의미합니다. 이것은 기업과 개인이 지구 환경과 사회에 대한 책임을 가지고 지속 가능한 비즈니스 모델을 개발하고 개인의 생활 양식을 변화시키려는 노력의 필요성을 요구하고 있습니다. 현대 사회에서 이러한 ESG는 금융 시장, 투자자, 소비자, 정부, NGO 등 다양한 이해관계자들에게 중요한 정보를 제공하며, 지속 가능한 비즈니스 모델을 구축하고 유지하는 데 필수적입니다. 이러한 과정에서 ESG 경영과 ESG 리더십은 더욱더 중요한 역할을 하고 있습니다.

《유비쿼터스 ESG 경영과 리더십》은 이러한 ESG 경영과 이를 선도하기 위한 ESG 리더십의 중요성에 대해 강조하고자 집필하였습니다. 이를 위해, 제1부에서는 ESG 경영의 개념과 중요성, 핵심 원칙, 그리고 사회적 기업의 ESG 경영에 대해서 설명하였고, 제2부에서는 ESG 경영 실천을 위한 ESG 리더십, 윤리적 리더십, 책임 있는 리더십, 그리고 ESG 시민의식의 중요성과 핵심 원칙에 대해서 설명하고 있습니다. ESG 리더십은 단순히 이익 추구가 아니라 사회적 가치 창출과 지속 가능한 성장을 동시에 추구하는 리더십 모델을 나타냅니다. 윤리적 리더십은 이러한 ESG 요소를 기업 경영의 핵심 원칙에 포함함으로써, 사회적 책임을 다하고 윤리적 가치를 실천하는 조직 문화를 성공적으로 구축하려는 리더십 모델입니다. 책임 있는 리더십은 ESG 경영 원칙과 ESG 실천 방향을 구체화해서 지속 가능한 비즈니스 모델을 구축하고 지구 환경과 지역 사회에 긍정적인 영향을 미치는 리더십 모델입니다. ESG가 단순히 윤리적 책임이 아니라 경제적 가치 창출, 사회적 가치 창출, 더 나아가 기업의 금융 안정성을 높이는 핵심 요소임을 명심해야 합니다. ESG 시민의식은 우리의 개인적인 행동이 기업, 정부, 국제사회의 노력을 통해 지속 가능한 세계를 현실로 만드는 데 필수적인 요소입니다. ESG 시민의식을 통해 기업과 개인은 지구 환경 보호, 사회적 가치 창출, 사회적 공헌 등 ESG 원칙을 실천함으로써 우리는 더욱더 지속 가능한, 공정한, 미래 지향적인 세상을 만들 수 있을 것입니다. 이를 통해 이 책은 현대 기업과 개인이 지속 가능한 비즈니스 문화를 형성하고 유지하는 데, 그리고 지속 가능한 가치 창출과 사회적 책임을 충실히 이행하는 데, ESG 리더십과 ESG 시민의식의 역할이 절대적임을 특별히 강조하고 있습니다. 이것이 ESG 리더십과 ESG 시민의식의 발전 방향이며, 우리의 미래입니다.

끝으로, 이 책은 ESG 경영, ESG 리더십, 그리고 ESG 시민의식에 대한 이해를 높이고, 기업과 개인이 이러한 ESG 원칙을 통해 미래를 준비하는 데 도움을 주기 위해 집필되었습니다. 이 책은 현대 비즈니스 환경에서 성공적인 기업, 리더, 그리고 세계 시민이 되기 위한 필독서로서, ESG 경영, ESG 리더십, 그리고 ESG 시민의식의 중요성을 이해하고 ESG 원칙을 실천하려는 모든 독자에게 유용한 정보를 제공할 것입니다. 이 책을 통해 ESG 리더십과 ESG 시민의식을 개척하고자 하는 모든 독자들과 함께 행복한 동행을 시작하면서, 지속 가능한 미래를 위한 지혜를 함께 나누고자 합니다.

제1부

ESG 경영

Ubiquitous ESG Management

제1장

ESG 경영 배경

제1절. ESG의 개념과 중요성

제1항. ESG의 개념과 정의

ESG(Environmental, Social, and Governance)는 각각 환경(Environmental), 사회(Social), 지배구조(Governance)의 약어입니다. 이 세 가지 요소는 기업의 사회적 책임과 지속 가능한 경영을 평가하고 측정하는 데 사용됩니다.

가. 환경(Environmental)요소

환경 측면에서 ESG는 기업이 환경친화적인 사업 관행을 채택하고 생태계 보호, 자원 사용, 탄소 배출 감소, 재활용, 재생 에너지 사용, 에너지 소비 및 효율성, 환경친화적 제품 및 서비스의 개발, 폐기물 관리 등을 포함한 환경적 관심사를 어떻게 다루는지를 나타냅니다. 환경적 지속 가능성은 기후 변화, 생태계 파괴, 자원 고갈과 같은 글로벌 이슈에 대한 기업의 대응 능력과 관련이 있습니다.

나. 사회(Social)요소

사회 측면에서 ESG는 기업이 사회에 미치는 영향과 관련이 있습니다. 이는 고객, 직원, 지역 사회, 공급망 파트너 등 다양한 이해관계자들에게 어떤 가치를 제공하고, 노동 관계, 안전한 작업 환경 제공, 다양성과 포용성, 노동자 권리, 고객 보호, 지역사회 지원, 사회 책임 활동 등을 포함합니다. 사회적 지속 가능성은 기업이 사회적 책임을 다하는 데 어떻게 기여하는지를 나타냅니다.

다. 지배구조(Governance)

지배구조 측면에서 ESG는 기업 내부의 조직 문화와 리더십, 회사의 윤리적 행동 규범 및 표준, 재무 투명성, 경영진의 투명성과 책임감을 살펴봅니다. 또한, 지배구조 측면은 기업의 경영 및 의사 결정 방식을 평가합니다. 이에는 이사회 구성, 내부 감사 및 통제 시스템, 급여 정책, 주주 권리, 이해관계자들과의 투명한 의사 소통과 같은 관리와 리더십과 관련된 요소가 포함됩니다. 지배구조적 지속 가능성은 기업의 조직적 투명성과 윤리적 행동을 강조합니다.

제2항. ESG의 중요성

첫째, 기업에 대한 우호적 평가입니다. ESG 지표는 기업의 장기적인 성공을 평가하기 위한 중요한 도구로 사용됩니다. 기업이 ESG 원칙을 따르면 리스크 관리가 향상되고 금융 성과도 향상될 수 있습니다.

둘째, 지속 가능한 경영입니다. ESG는 기업이 지속 가능한 경영 모델을 구축하는 데 중요한 역할을 합니다. 환경적 문제, 사회적 문제, 그리고 투명한 지배구조는 장기적인 성장과 안정성에 영향을 미칩니다.

셋째, 소비자의 관심 상승입니다. 기업이 ESG 원칙을 준수하는지 여부는 투자 결정과 제품/서비스 선택에 영향을 미칩니다. 많은 기업이 ESG 원칙을 수용하고 환경친화적인 사업 관행, 다양성과 포용성, 윤리적 경영을 추진하고 있습니다. 이를 통해 기업의 이미지 향상과 긍정적인 경제적 영향을 얻고 있습니다.

넷째, 투자자의 관심 상승입니다. ESG를 준수하는 기업은 투자 유치에 이점을 얻을 수 있습니다. 투자자들은 ESG를 고려하여 투자 결정을 내리는데, 이는 지속 가능한 투자와 기업의 장기적인 가치를 고려하는 결과입니다. 투자 기관들은 ESG를 투자 결정에 통합하고 있으며, 지속 가능한 투자에 대한 수요가 증가하고 있습니다.

다섯째, 사회적 책임감 강화입니다. ESG를 통한 기업의 사회적 책임 향상은 환경적, 사회적 문제에 대한 전체 사회의 책임을 강화합니다. 기업은 사회적 요구 사항을 충족시키며 더 긍정적인 영향을 미칠 수 있습니다. ESG를 준수하면 이해관계자들과의 관계가 강화되며, 기업의 이미지 향상과 긍정적인 사회적 영향을 만들어 냅니다.

여섯째, 금융 및 법적 규제입니다. 금융 시장과 법적 규제는 ESG를 강조하고 있으며, 이러한 규제를 따르는 기업들은 금융 지원과 법적 문제를 피하기 위해 ESG를 신중하게 다뤄야 합니다.

ESG는 기업의 사회적 책임과 지속 가능성을 측정하고 개선하기 위한 중요한 지표입니다. 환경, 사회, 지배구조의 세 가지 측면은 기업의 경영 전략과 이해관계자와의 관계에 영향을 미칩니다. ESG는 금융 시장, 투자자, 소비자, 정부, NGO 등 다양한 이해관계자들에게 중요한 정보를 제공하며, 지속 가능한 비즈니스 모델을 구축하고 유지하는 데 필수적입니다. ESG는 단순히 기업의 이익을 넘어서 사회적 가치와 지구 환경을 보존하는 데 기여하는 중요한 도구입니다. 이러한 이유로 ESG는 현대 기업 경영에서 더욱더 중요한 역할을 하고 있으며, 이러한 원칙을 포용하는 기업은 장기적으로 성공을 거두고 지속 가능한 미래를 구축할 것입니다.

제2절. ESG의 역사와 발전 과정

제1항. ESG의 역사

가. ESG의 기원

ESG의 기원은 환경 문제와 관련된 우려에서 비롯되었습니다. 20세기 중반, 환경 오염과 자원 고갈 문제가 주목받으면서 기업들은 환경 문제에 대한 책임을 느끼게 되었습니다. 1970년대 환경 보호 단체와 환경 보호 운동은 기업의 환경 행동에 대한 강력한 압력을 가하였으며, 이는 많은 기업들이 환경 문제에 대한 대응책을 마련하도록 이끌었습니다. 이러한 흐름을 타고 세계 유명 환경 단체인 "세계 야생 생물 기금(World Wildlife Fund, WWF)"이 1961년 스위스 모르주에서 설립되었으며 (그러나, 이 명칭이 기관의 활동 범위를 모두 반영하지 못한다고 판단하여 1986년에 "세계자연기금(World Wide Fund for Nature, WWF)"으로 변경했습니다), "지구의 벗(Friends of the Earth)"이 1969년 미국 샌프란시스코에서 설립되었으며, "그린피스(Greenpeace)"가 1971년 캐나다 밴쿠버에서 결성되었으며, 미국 정부는 환경 보호를 목적으로 1970년 행정기관 "미국 환경 보호청(United States Environmental Protection Agency, EPA)"을 설립했습니다

나. ESG의 개념 정립

ESG는 환경(Environmental), 사회(Social), 지배구조(Governance)의 약자로서, 기업이 이러한 측면을 고려하여 사업을 운영하고 보고하는 방

식을 나타냅니다. 이 개념은 20세기 중반부터 초기에는 거의 주로 환경 문제에 초점을 맞추고 있었습니다. 1980년대와 1990년대에는 환경 규제와 기업의 사회적 책임에 대한 관심이 커지면서 ESG가 더 중요한 요소로 간주되었습니다.

다. ESG의 환경적 책임 요소의 부상

20세기 중반 이후, 환경 문제가 세계적으로 주목받기 시작했습니다. 1970년대 환경 보호 운동과 함께 기업들은 환경 문제에 더 관심을 기울이기 시작했습니다.

이 흐름을 타고 1990년대 후반부터 2000년대 초반까지 환경 이슈가 크게 주목을 받게 되면서 기업은 환경적 책임 측면을 강조하기 시작했습니다. 탄소 배출, 재활용, 환경친화적 제품 개발 등이 ESG 보고서의 중요한 부분이 되었습니다. 이로 인해 기업들은 친환경 행동을 촉진하고 환경에 대한 더 큰 책임을 느끼게 되었습니다.

라. ESG의 사회적 책임 요소의 부상

사회적 책임 개념은 1950년대와 1960년대의 인권운동과 민권운동을 통해 부상하였으며, 기업들도 이러한 사회적 이슈에 대한 책임을 인식하기 시작했습니다.

2000년대 중반 이후, 사회적 책임 측면이 ESG에 더 강조되었습니다. 기업은 사회적 다양성과 인권, 노동 조건, 고객의 안전 및 개인 정보 보호에 더 큰 주의를 기울이게 되었습니다. 사회적 책임을 갖는 기업으로서의 역할이 강조되면서, 사회 문제 해결에 기업이 참여해야 한다는 의식이 높아졌습니다. 사회적 책임(Social Responsibility) 역시 20세기 후반부터 중요한 주제로 부상하였습니다. 기업들은 사회적 문제에 민감해지며 고용 조건, 노동자 권리, 인권 등 다양한 사회적 이슈에 관심을 기울이기 시작했습니다.

마. ESG의 지배구조의 강화

지배구조는 기업 내부 구조와 경영 체계에 대한 관심에서 비롯되었습니다. 1990년대 후반부터 기업의 내부 투명성, 이사회의 독립성, 자본 시장 규제 등이 강조되면서 지배구조가 중요한 이슈로 부상하였습니다. 지배구조는 기업 내부 조직 및 경영 방식을 개선하고 투명성을 높이는 데 중요한 역할을 합니다. 지배구조가 강화되면 기업의 투명성이 향상되고, 이를 통해 투자자와 이해관계자에게 신뢰를 줄 수 있습니다. 이는 금융 위기 후에 더욱 중요해졌으며, 기업들은 이러한 측면에 대한 보고와 개선에 노력하고 있습니다.

제2항. ESG의 발전 과정

가. ESG 용어 탄생

ESG 용어는 2004년 UN 글로벌 콤팩트(United Nations Global Compact, UNGC)가 발표한 "Who Cares Win"이라는 보고서에서 공식적으로 처음 사용되었습니다. 이후, 2006년 국제 투자기관 연합인 UN PRI(Principles for Responsible Investment)가 금융 투자 원칙으로 ESG를 강조하면서 오늘날 기업 경영에서 강조되는 ESG 프레임워크의 초석을 제시하였습니다.

*UN 글로벌 콤팩트(United Nations Global Compact, UNGC), 2004. "Who Cares Wins - The Global Compact Connecting Financial Markets to a Changing World" (PDF). UN Environment Programme - Finance Initiative.

https://www.unepfi.org/fileadmin/events/2004/stocks/who_cares_wins_global_compact_2004.pdf

나. 국제기구의 역할 확대

UN은 2000년에 "지속 가능한 발전 목표(Sustainable Development Goals, SDGs)"를 채택하여 ESG에 대한 글로벌 관심을 촉구했습니다. 또한, 2006년에 UN PRI(United Nations Principles for Responsible Investment)와 같은 국제기구들이 ESG 원칙과 가이드라인을 개발하고 증진하는 역할을 하였습니다.

다. 기업의 ESG 통합

기업들은 ESG를 비즈니스 전략의 일부로 통합하고 있으며, 이를 통해 금융 기관과 투자자들의 요구에 부응하고 있습니다. 현대의 기업들은 ESG 보고서를 작성하여 자체적으로 성과를 모니터링하고, 투명성을 높이고 유지하기 위해 노력하고 있습니다. 이에 더하여 코로나 19 사태를 겪으면서 기후 변화, 공중보건, 환경보호 등 ESG 이슈에 대한 관심이 더욱더 증가하였습니다.

라. 투자 커뮤니티와의 협력

ESG는 투자 커뮤니티에서도 중요한 역할을 하고 있으며, ESG 점수 및 평가가 투자 결정에 영향을 미치는 경우가 늘고 있습니다. 이로 인해 기업들은 ESG 성과를 향상시키는 데 더 많은 노력을 기울이고 있습니다. 이러한 흐름에 따라 장기 투자 측면에서 ESG 정보를 적극적으로 활용하는 ESG 투자가 주류로 편입되었습니다.

마. ESG의 글로벌 확산

ESG 개념은 미국과 유럽을 중심으로 발전하였으며, 다른 지역에서도 점차 확산되고 있습니다. 국제기구와 규제 당국은 ESG 보고의 표준화와 규제를 개선하려고 노력하고 있으며, 글로벌 투자자들은 ESG를 기반으로 투자 결정을 내리고 있습니다.

우리나라에서는 한국 ESG 기준원(Korea Institute of Corporate Governance And Sustainability, KCGS) - (2002년 6월, (사)한국 기업지배구조개선지원센터라는 명칭으로 최초 설립. 2022년 9월, (사)한국 ESG기준원으로 개칭)이 2002년 설립되어 높은 투명성과 전문성을 토대로 2003년부터 기업 지배구조 평가를 실시해 왔으며, 2011년부터는 사회 책임과 환경 경영이 포함된 ESG 평가를 통해 매년 국내 상장회사의 지속 가능 경영 수준을 평가하고 있습니다.

제3절. ESG 경영의 이해관계자

제1항. ESG 경영의 이해관계 주체들

가. 기업

ESG 경영의 주체로서 기업은 환경친화적인 사업 방식 채택, 사회적 책임 이행, 투명하고 효율적인 지배구조 구축을 통해 지속 가능한 경영을 추진합니다. 기업은 ESG 요소를 경영에 통합하고 실천하여 이해관계자들에게 긍정적 영향을 미치며, 동시에 경제적 가치를 창출합니다.

나. 투자자

ESG 경영에 대한 투자자들은 기업의 지속 가능성을 평가하고 투자 결정을 내릴 때 이를 고려합니다. ESG 정보를 기반으로 투자 포트폴리오를 구성하고, 기업의 ESG 성과를 지속적으로 모니터링합니다. 이는 투자자의 재무 수익뿐만 아니라 사회적 영향과 환경 보호에도 긍정적인 영향을 미칩니다. 또한, ESG 경영이 지속 가능한 수익성을 향상시키는 데 도움을 줄 수 있으므로 투자자들은 ESG 성과를 평가하고 주목하고 있습니다.

다. 소비자

소비자들은 지속 가능성과 사회적 책임을 고려하여 제품과 서비스를 선택하는 경향이 있습니다. ESG 경영을 강조하는 기업들은 소비자들의 신뢰를 얻고 브랜드 가치를 향상시킬 수 있습니다. 따라서 소비자의 요구에 부응하기 위해 ESG 경영을 적극적으로 추진하는 것이 필요합니다. 현대의 고객들은 환경과 사회 문제에 민감한 소비자로서, ESG 경영을 채택한 기업에 대한 선호도가 높아지고 있습니다. 기업의 제품이나 서비스의 지속 가능성, 윤리적 생산과 공급망 관리에 대한 정보에 관심을 가지며, 소비 결정에 이를 적극적으로 반영하고 있습니다.

라. 주주

주주는 기업의 경영 및 이익에 대한 이해관계자로, ESG 성과가 주식 가치와 수익에 미치는 영향에 큰 관심을 가집니다. ESG 경영은 주주와의 긍정적 상호 작용을 통해 장기적인 가치 창출에 기여합니다.

마. 직원

직원들은 기업의 사회적 책임감과 미래에 대한 확신을 가지는 것이 중요합니다. ESG 경영은 풍요로운 작업 환경을 조성하고, 직원들의 참여를 촉진합니다.

바. 공급 업체

공급 업체들은 기업의 ESG 정책을 준수하도록 격려되며, ESG 측면에서 파트너십을 통해 상호 혜택을 얻을 수 있습니다.

사. 정부 및 규제 기관

정부와 규제 기관들은 ESG 경영을 촉진하고 감독하는 역할을 합니다. 환경 보호, 노동 규제, 거래 투명성 등에 관한 법률과 규제는 기업들이 ESG 원칙을 준수하도록 강제하고 있으며, 이행하지 않을 경우 벌금과 규제 조치가 가해질 수 있습니다.

아. 사회 및 지역사회

사회 및 지역사회는 기업의 활동이 주변 환경과 사회에 미치는 영향을 주목합니다. 지역사회와의 긍정적인 관계를 구축하고, 사회적 책임을 다하는 기업은 지역사회의 지지와 협력을 받을 가능성이 높아집니다. 기업은 지역사회와의 조화를 이루는 것이 중요합니다. 사회적 책임 이행을 통해 사회적으로 긍정적인 영향을 미치고, 사회 문제 해결과 공헌을 통해 지역사회와의 협력을 강화합니다. 이는 기업의 평판 향상과 지속 가능한 사업 환경 조성에 기여합니다.

제2항. ESG 경영의 이해관계자와의 소통을 위한 제안

가. 리더십의 주도적 역할

기업 리더들은 ESG 경영을 주도하고 실천하기 위해 중요한 역할을 합니다. 이를 통해 조직 내부의 문화를 바꾸고 ESG 원칙을 지속적으로 증진시킬 수 있습니다.

나. 데이터 수집과 투명한 보고

정보 수집 및 보고는 ESG 경영의 핵심 요소 중 하나입니다. 기업은 ESG 성과를 정확하게 측정하고 보고하여 투자자와 이해관계자들에게 투명성을 제공해야 합니다.

다. 이해관계자와의 협력

이해관계자들과의 개방적인 대화와 협력은 ESG 경영의 성공에 필수적입니다. 이해관계자들의 의견과 요구를 이해하고 수용함으로써 기업은 지속적으로 발전하고 사회적 가치를 창출할 수 있습니다.

제4절. ESG 경영의 경제적 이점

ESG 경영은 기업의 지속 가능한 성장과 사회적 책임을 동시에 추구하는 중요한 비즈니스 전략입니다. 이 절에서는 ESG 경영이 기업에 경제적 이점을 제공하는 다양한 방법을 논의하겠습니다.

가. 금융 시장에서의 접근성 개선

ESG 경영은 기업에게 금융 시장에서의 접근성을 높여 줍니다. 많은 투자자와 금융 기관들이 ESG를 고려하여 투자 결정을 내리고 있으며, ESG 평가는 신용 평가와 리스크 관리에서 중요한 역할을 합니다. ESG 기준을 충족하는 기업은 더 저렴하고 유리한 대출 조건을 받을 수 있으며, 투자자의 신뢰를 얻을 가능성이 큽니다.

ESG 경영을 실천하는 기업은 투자자와 금융 시장에서 더 긍정적으로 평가됩니다. ESG 평가 기관들은 기업의 ESG 성과를 평가하고 순위를 제공하며, 이는 투자자에게 신뢰와 투명성을 제공합니다. 이로 인해 ESG 경영을 실천하는 기업은 더 많은 투자와 자본 유치를 할 수 있으며, 경제적 성장과 발전을 이룰 수 있습니다.

나. 리스크 관리

ESG 경영은 기업의 리스크 관리 능력을 향상시킵니다. 환경 문제, 사회적 문제, 지배구조 위반 등은 기업에 잠재적인 리스크를 초래할 수 있으며, 이를 관리함으로써 기업은 재정적 손실을 방지할 수 있습니다. 환경 문제나 사회적 이슈로 인한 리스크는 기업의 경영에 부정적인 영향을 미칠 수 있습니다. ESG 경영은 이러한 리스크를 줄이고 비용을 절감하는 데 도움을 줄 수 있습니다. 또한 사회적 책임을 다하고 윤리적으로 운영하는 기업은 이미지 리스크를 최소화하고 리스크 요인을 완화할 수 있습니다.

다. 브랜드 가치와 고객 충성도 향상

ESG 경영을 통해 기업은 브랜드 이미지를 향상시키고 고객 충성도를 높일 수 있습니다. 소비자들은 환경친화적이고 사회적으로 책임감 있는 기업을 선호하며, 이러한 기업들은 브랜드로부터 긍정적인 평판과 고객의 지지를 받을 가능성이 높아집니다. 지속 가능성에 대한 높은 표준을 준수하는 기업은 소비자들에게 믿음과 신뢰를 얻을 수 있으며, 브랜드의 가치가 상승합니다.

라. 비용 절감과 효율성 향상

ESG 경영은 비용 관리에도 도움을 줄 수 있습니다. 에너지 효율성 향상과 재활용, 환경친화적인 생산 방식으로 인한 낮은 운영 비용은 대표적인 예입니다. 또한 사회적 책임을 다하는 기업은 노동 관계에서 안정성을 유지하고 노동자들의 만족도를 높일 수 있어 노동자 복지 및 효율성 측면에서 비용을 절감할 수 있습니다.

ESG 경영은 자원 사용, 에너지 효율성, 폐기물 관리 등을 개선함으로써 비용을 절감하고 효율성을 향상시킵니다. 환경친화적인 기술과 프로세스를 도입함으로써 에너지 소비를 줄이고 재활용을 증가시키는 등의 노력은 비용 절감에 직결됩니다.

마. 혁신과 생산성 증대

환경적, 사회적 책임을 다하려는 노력은 기업 내에서 혁신과 생산성을 증대시킵니다. 환경친화적인 기술과 프로세스를 도입하면 에너지 소비를 줄이고 비용을 절감할 수 있습니다. 사회적 책임을 강조하는 기업은 노동자의 생산성과 창의성을 높일 수 있으며, 긍정적인 사회적 영향을 창출합니다.

바. 글로벌 시장에서의 경쟁력 제고

ESG 경영은 글로벌 시장에서의 경쟁 우위를 제공합니다. 많은 국가와 기업들이 지속 가능성에 대한 규제와 요구 사항을 강화하고 있으며, ESG를 충족시키는 기업은 국제 시장에서 더 많은 기회를 얻을 수 있습니다.

사. 규제 준수

ESG 경영은 규제 준수와 리스크 관리를 강화합니다. 환경 및 사회 문제에 대한 규제가 강화되면서, ESG를 충족하지 못하는 기업은 불이익을 받을 수 있습니다. ESG 경영은 이러한 규제 준수를 미리 예방하고 리스크를 줄이는 데 도움을 줍니다.

아. 주주 가치 향상

ESG 경영은 주주 가치를 향상시키는 중요한 요인 중 하나입니다. 기업의 ESG 성과가 투자자에게 더 높은 수익을 제공하는 것으로 나타나면, 주주들의 투자 가치가 증가합니다. 또한, ESG 지표를 통한 투자 분석은 투자 결정에 도움을 주며, 기업의 재무 성과에 미치는 잠재적인 리스크를 식별하는 데도 도움이 됩니다.

자. 지속 가능한 장기적인 성과

ESG 경영은 장기적인 비즈니스 성과를 위한 필수적인 요소입니다. 기업이 환경과 사회에 대한 책임을 다하고 지배구조를 강화하는 것은 지속 가능한 성장을 지원하며 장기적인 비즈니스 모델을 구축하는 데 도움이 됩니다.

제5절. ESG 경영과 금융 시장의 상호 작용

제1항. ESG와 금융 시장의 상호 작용

가. ESG 투자의 증가

ESG 투자는 투자자가 ESG 성과를 고려하여 자산을 배분하는 전략을 의미합니다. ESG 투자는 기업의 ESG 실천을 평가하고 그에 따라 투자 결정을 내리는 데 중요한 역할을 합니다. 이는 금융 시장에서 ESG 요소의 중요성을 대두시키고 있습니다.

최근에는 ESG 요소를 고려한 투자가 급증하고 있습니다. 기관 투자자, 개인 투자자, 펀드 관리자 등이 ESG 원칙을 수용하고 있으며, 이는 기업의 ESG 성과를 평가하고 투자 결정에 반영하는 데 영향을 미칩니다. ESG 투자의 증가는 지속 가능한 기업에 대한 자금 유입을 촉진하고, 기업들에게 ESG 성과를 개선하도록 격려합니다.

나. 리스크 관리

금융 시장 참여자들은 ESG 리스크를 점차 중요하게 보고 있습니다. 기업의 환경적, 사회적, 지배구조적 문제가 금융 리스크로 이어질 수 있기 때문입니다. 이러한 리스크는 금융 시장의 안정성을 위협하고, 금융 기관들은 ESG 평가를 통해 이를 식별하고 관리하려고 노력하고 있습니다.

다. ESG 평가와 보고

금융 기관은 기업의 ESG 성과를 평가하고 이를 투자자에게 제공하는 역할을 수행합니다. 이러한 정보는 투자자에게 기업의 지속 가능성과 리스크를 평가하는 데 도움을 줍니다. ESG 실천이 잘된 기업은 종종 금융 시장에서 성과가 뛰어난 기업으로 인식됩니다. ESG 성과가 향상됨에 따라 투자 수익률도 증가할 수 있습니다.

라. ESG 지표의 통합

금융 시장은 ESG 지표의 통합을 추진하고 있습니다. 금융 제도들은 기업들이 사용하는 ESG 보고서의 투명성을 높이고, 투자자들이 쉽게 ESG 정보에 접근할 수 있도록 노력하고 있습니다. 이러한 노력은 투자 결정을 내리는 데 필요한 정보를 제공하고, ESG 지표를 비교하고 분석하는 데 도움을 줍니다.

마. 금융 상품의 다양화

ESG 관련 금융 상품의 다양화도 증가하고 있습니다. ESG 투자 펀드, 연금 기금, 그린 채권 등이 발행되고 있으며, 이러한 상품들은 지속 가능한 투자에 대한 옵션을 확대하고 있습니다. 이로써 투자자들은 자신의 ESG 가치관에 부합하는 금융 상품을 선택할 수 있게 되었습니다.

제2항. ESG 경영과 금융 성과의 관계

ESG 경영과 금융 성과 간의 관계는 다양한 연구를 통해 밝혀지고 있으며, 이에 대한 주요 결과를 다음과 같이 요약 정리할 수 있습니다.

가. ESG 경영과 주가 수익

ESG 경영을 실천하는 기업들은 장기적으로 주가 수익률이 더 높을 가능성이 있습니다. 투자자들은 지속 가능한 기업에 더 높은 가치를 부여할 수 있기 때문입니다.

나. ESG 경영과 리스크 관리

환경적, 사회적, 지배구조적 리스크를 관리하고 예방하는 데 ESG 경영은 중요한 역할을 합니다. 이로 인해 기업은 재무적인 리스크를 줄일 수 있으며, 금융 성과를 향상시킬 수 있습니다.

다. ESG 경영과 투자자 유치

ESG를 적극적으로 실천하는 기업들은 투자자들로부터 높은 관심을 받으며, ESG 기준을 충족시키는 기업은 투자자들로부터 자금을 유치하기 쉬울 수 있습니다.

ESG와 금융 시장의 상호 작용은 금융 시장의 모습을 변화시키고 있습니다. ESG 투자의 증가, 리스크 관리의 강화, ESG 지표의 통합, 그리고 금융 상품의 다양화는 금융 시장에 지속 가능성과 사회적 책임을 더욱 중요하게 만들고 있습니다. 이러한 추세는 금융 시장의 안정성과 지속 가능한 경제의 구축에 긍정적인 영향을 미치며, 앞으로 더 많은 기업과 투자자들이 ESG를 고려할 것으로 예측됩니다. ESG 경영과 금융 성과 간의 직접적인 관계는 더 많은 연구와 실증적 분석이 필요하지만, 현재까지의 연구 결과는 ESG 경영이 기업의 금융 성과를 긍정적으로 영향을 미칠 수 있다는

점을 보여 주고 있습니다. 따라서 기업은 ESG를 중요하게 고려하고 실천함으로써 장기적인 경제적 가치를 창출할 수 있을 것으로 기대됩니다. 이러한 추세는 투자자, 기업, 그리고 사회적 가치를 추구하는 모든 이해관계자들에게 긍정적인 영향을 미칠 것으로 예상됩니다.

제6절. ESG가 현대 비즈니스에 미치는 영향

제1항. 환경(Environmental)적 책임의 영향

ESG의 "환경" 요소는 기업의 환경적 영향을 관리하고 감시하는 데 초점을 맞춥니다. 환경적 책임은 기업이 탄소 배출을 줄이고 에너지 효율성을 향상시키는 데 관련되며, 이는 기업의 비용 관리와 브랜드 이미지에 큰 영향을 미칩니다. 기업들은 친환경 제품 및 서비스를 개발하고 친환경 사업 모델을 채택하여 환경 측면에서의 경쟁 우위를 확보하고 있습니다. 환경 측면에서의 ESG는 기업의 생태적 책임을 강조하며, 여기에는 다음과 같은 영향이 있습니다.

첫째, 기후 변화 대응입니다. 기후 변화로 인한 문제가 증가함에 따라, 기업들은 온실가스 배출을 줄이고 친환경 제품 및 서비스를 개발하는 등 환경적 책임을 다해야 합니다. 기업들은 온실가스 배출 감소와 같은 환경적 의무를 준수하며 기후 변화에 대응해야 합니다. ESG 접근법은 기업들이 환경에 미치는 영향을 관리하고, 친환경적 제품 및 서비스를 개발하는 데 도움을 줍니다.

둘째, 자원 관리 및 효율성입니다. 자원 절약 및 재활용은 ESG의 중요한 부분입니다. 기업들은 자원 소비를 줄이고 미래 세대를 위한 자원 보전을 고려해야 합니다. 자원을 효율적으로 활용하여 낭비를 줄이고, 환경친화적인 제품 생산에 노력해야 합니다.

셋째, 지속 가능한 에너지입니다. 재생 가능한 에너지 소스를 활용하고, 에너지 효율을 향상시켜 환경 보전에 기여해야 합니다.

제2항. 사회(Social)적 책임의 영향

ESG의 "사회" 요소는 기업이 사회적 책임을 어떻게 다루는지를 반영합니다. 사회적 책임은 고객, 노동자, 커뮤니티 등 다양한 이해관계자들에 대한 기업의 관심을 의미합니다. 다양성과 포용, 노동 조건 개선, 안전한 작업 환경 조성, 고객 데이터 보호 등이 이에 속합니다. 사회 책임을 충실히 다루는 기업은 이해관계자들의 신뢰를 얻고 장기적으로 성공할 가능성이 높아집니다. 사회적 측면에서의 ESG는 기업의 사회적 책임과 인권을 강조하며, 다음과 같은 영향이 있습니다.

첫째, 다양성과 포용성입니다. 기업들은 다양한 사회적 및 문화적 배경을 가진 직원을 채용하고 다양성과 포용성을 증진해야 합니다. 이는 창의적이고 혁신적인 조직을 형성하는 데 도움이 됩니다. 다양한 배경과 문화를 존중하고 다양성을 증진시키는 노력이 기업의 이미지와 사회적 가치를 향상시킵니다.

둘째, 노동 조건과 노동자 권리입니다. 공정한 노동 조건을 제공하고 노동자의 권리를 존중하는 것은 사회적 지속 가능성을 증진시킵니다.

셋째, 사회적 책임입니다. 기업들은 사회적 책임을 다하는 것이 중요합니다. 사회적 프로그램 및 기부 활동은 기업의 이미지와 명성을 향상시키며 소비자와의 관계를 강화합니다. 기업은 지역사회에 긍정적인 영향을 미치는 프로젝트와 활동을 통해 사회적 책임을 다해야 합니다.

제3항. 지배구조(Governance)적 책임의 영향

ESG의 "지배구조" 요소는 기업 내부의 투명성, 윤리적 관행, 리더십의 품질 등을 나타냅니다. 지배구조는 기업의 경영 방식과 의사 결정 과정을 개선하고, 부정행위를 방지하며 주주의 권리를 보호하는 데 중요한 역할을 합니다. 잘 관리된 지배구조는 기업의 재무 성과 및 금융 안정성에 긍정적인 영향을 미칩니다. 지배구조 측면에서의 ESG는 기업 내부의 투명성과 효율성을 강조하며, 다음과 같은 영향이 있습니다.

첫째, 투명성과 윤리입니다. 좋은 지배구조는 기업의 투명성과 윤리적 운영을 보장합니다. 이는 주주와 이해관계자들에게 신뢰를 줍니다.

둘째, 리더십과 경영진 역량입니다. ESG는 리더십의 질과 경영진의 역량을 강조합니다. 기업은 윤리적 리더십과 전문 경영진을 유지하고 계속적으로 개선해야 합니다.

셋째, 투명한 의사 결정과 보고입니다. 투명한 경영과 재무 보고는 투자자와 이해관계자의 신뢰를 유지하고 기업 가치를 향상시킵니다.

넷째, 독립적인 이사회와 감사위원회 구성입니다. 독립적인 이사회와 감사위원회를 구성하여 지배구조의 효율성과 건전성을 강화해야 합니다.

다섯째, 이해관계자 참여입니다. 이해관계자들의 의견을 수렴하고 그들의 이익을 고려하는 지배구조는 긍정적인 영향을 미칩니다.

제4항. ESG가 현대 비즈니스에 미치는 영향

첫째, 금융 시장에서의 영향입니다. ESG 기준은 금융 시장에서 중요한 역할을 하고 있습니다. 투자자들은 ESG 성과를 고려하여 투자 결정을 내리고 있으며, ESG 관련 정보는 기업의 평가 및 평가를 위한 중요한 지표로 사용됩니다. 기업이 ESG 성과를 개선하고 공개적으로 보고함으로써 금융 시장에서의 접근성과 금융 지원을 확보할 수 있습니다. ESG에 중점을 둔 투자는 금융 시장에서 더 많은 관심을 받고 있으며, ESG 성과를 개선하는 기업은 투자자들로부터 더 많은 자금을 유치할 수 있습니다.

둘째, 브랜드 이미지와 고객 충성도에 대한 영향입니다. ESG에 대한 긍정적인 관심은 소비자에게도 영향을 미칩니다. 친환경 제품 및 사회 책임 있는 기업에 대한 소비자의 선호도가 증가하고 있으며, 이는 브랜드 이미지와 고객 충성도를 향상시킵니다. 기업이 ESG 가치를 준수하고 홍보하는 데는 긍정적인 마케팅 효과가 따르며 이는 장기적으로 매출과 이윤을 증가시킬 수 있습니다. ESG를 준수하는 기업은 브랜드 가치와 평판을 높일 수 있으며, 이는 소비자들에게 긍정적인 인상을 남깁니다.

셋째, 사회적 압력과 규제에 대한 영향입니다. ESG 규제는 전 세계적으로 증가하고 있으며, 이에 따라 기업들은 준수를 강화하고 비즈니스 환경을 개선해야 합니다. 사회적 압력과 규제는 ESG를 무시할 수 없게 만드는 요소 중 하나입니다. 기업들은 ESG 문제를 신속하게 다루고 공개적으로 보고함으로써 각종 규제 준수를 보장하고, 미래에 발생할 수 있는 리스크를 줄일 수 있습니다. 또한, 사회적 압력을 받는 기업들은 변화를 주도하여 사회적 책임을 충실히 이행해야 합니다.

제2장

ESG 경영 전략

제1절. 환경 측면에서의 ESG 경영

제1항. 환경(Environmental) 측면의 중요성

환경 측면은 ESG 경영의 중심 요소 중 하나로, 지속 가능한 비즈니스 모델의 핵심입니다. 환경 문제는 지구 온난화, 기후 변화, 자원 고갈 등과 같은 글로벌 위기를 초래하고, 기업은 이러한 문제에 대한 적극적인 대응이 필요합니다. 환경 측면의 ESG 경영은 기업의 친환경적인 프로세스, 제품 및 서비스를 개발하고 이를 지속 가능한 방식으로 운영하는 것을 의미합니다.

첫째, 기후 변화 대응입니다. 기후 변화는 현재와 미래의 비즈니스에 막대한 영향을 미치는 가장 중요한 환경 문제 중 하나입니다. 기업은 온실가스 배출을 줄이고 기후 변화에 대응하는 전략을 채택해야 합니다.

둘째, 자원 관리입니다. 자원의 제한성은 기업의 생존과 발전에 직결됩니다. 환경 측면에서의 ESG 경영은 자원 소비를 최적화하고 재활용을 촉진함으로써 비용 절감과 환경 보전을 동시에 달성할 수 있습니다.

제2항. 환경 측면에서의 ESG 경영의 핵심 원칙

가. 환경친화적 사업 모델의 채택

ESG 경영의 핵심은 환경친화적인 사업 모델을 수용하는 것입니다. 기업은 탄소 배출 감소, 재생 에너지 사용, 자원 효율성 향상 등의 목표를 설정하고 이를 달성하기 위한 계획을 수립해야 합니다. 이는 생산과 제조 과정에서 온실 가스 배출량을 줄이고, 자원을 효율적으로 활용하는 것을 의미합니다. 또한 재활용 및 재활용 가능한 제품을 개발하여 환경적 파급 효과를 최소화합니다.

나. 탄소 중립(Net Zero)을 향한 노력

탄소 중립은 ESG 경영의 핵심 원칙 중 하나로, 기업의 영향력 있는 역할을 합니다. 기업은 탄소 배출을 줄이고 나날이 증가하는 온실 가스 농도에 대한 책임을 져야 합니다. 그러기 위해서는 기업의 생산 과정과 공급망에서의 탄소 배출을 줄이는 노력이 필요하며, 탄소 오프셋 프로젝트를 통해 잔여 배출량을 보상해야 합니다. 또한, 재생 에너지 및 친환경 에너지 소스를 채택하고, 에너지 사용을 모니터링하고 감시하여 에너지 소비를 최적화해야 합니다.

다. 환경 리스크 관리

기업은 환경 리스크를 식별하고 관리하는 능력을 가지고 있어야 합니다. 기후 변화, 자원 부족, 환경 규제 등은 기업의 재무적 안정성에 영향을 미칠 수 있으므로, 이러한 리스크를 평가하고 대응 계획을 수립해야 합니다. 기업은 환경적 리스크를 식별하고 예방하기 위한 계획을 수립하고, 재난 관리 및 비상 대응 능력을 강화해야 합니다.

라. 환경 데이터의 투명성과 보고

ESG 경영에서 가장 중요한 부분 중 하나는 투명성과 보고입니다. 기업은 환경 성과와 이니셔티브에 대한 정보를 공개하고, 이러한 데이터를 신뢰할 수 있도록 검증 및 확인해야 합니다. 이를 통해 투자자, 고객, 직원, 규제 당국 등 모든 이해관계자에게 환경 경영의 효과와 진전 상황을 전달할 수 있습니다.

마. 이해관계자 참여 및 협력

환경 경영은 기업과 이해관계자 간의 협력이 필수적입니다. 기업은 지역 사회, 비영리 단체, 정부 기관과 협력하여 환경 문제를 해결하고 지속 가능한 미래를 구축하는 데 기여해야 합니다. 이를 통해 더 많은 지원과 자원을 확보하고, 환경 측면에서의 ESG 경영을 더욱 강화할 수 있습니다.

바. 친환경 제품 및 서비스 개발

환경친화적 제품 및 서비스 개발은 환경 측면의 ESG 경영을 실현하는 핵심입니다. 기업은 환경에 미치는 영향을 최소화하고 그에 대한 정보를 투명하게 공개해야 합니다.

사. 친환경 공급망 관리

친환경 공급망을 유지하고 관리함으로써 기업은 자사의 환경 영향을 줄이고 지속 가능한 미래를 구축할 수 있습니다. 환경 측면에서의 ESG 경영은 공급망에서도 효과적으로 구현되어야 합니다.

환경 측면에서의 ESG 경영은 기업이 지속 가능성을 추구하고 환경에 대한 책임을 다하는 데 있어서 핵심적인 요소입니다. 기업은 환경친화적 사업 모델을 채택하고 탄소 중립을 향한 노력을 지속적으로 추진해야 합니다. 또한, 환경 리스크를 관리하고 투명한 데이터를 보고함으로써 이니셔티브의 효과를 극대화해야 합니다. 또한, 친환경 제품 및 서비스 개발, 친환경 공급망 관리 등의 전략을 통해 기업은 환경 영향을 최소화하고 지속 가능한 미래를 구축할 수 있을 것입니다. 하지만 도전 과제도 존재하며, 이를 극복하기 위해서는 규제 준수와 정보 투명성을 강화하는 노력이 필요합니다. ESG 경영의 핵심 원칙을 준수하는 기업은 미래의 경쟁에서 우위에 서고 사회적 가치를 창출할 것입니다.

제2절. 사회 측면에서의 ESG 경영

제1항. 사회(Social) 측면의 중요성

첫째, 이해관계자와의 관계 강화입니다. ESG 경영은 기업과 이해관계자 간의 신뢰를 증대시키고 긍정적인 관계를 형성하는 데 도움을 줍니다. 사회(S) 측면에서의 ESG 경영은 고객, 직원, 공급망 파트너, 지역사회, 정부 등 다양한 이해관계자들로부터 기업의 사회적 책임과 가치 창출에 대한 요구를 충족시키는 데 도움을 줍니다. 사회 측면에서의 책임을 다하고 다양한 이해관계자들의 요구를 충족시키는 기업은 긍정적인 평판을 쌓을 수 있으며, 이는 장기적인 성과에 영향을 미칩니다.

둘째, 금융 시장의 관심입니다. ESG 경영은 금융 시장에서도 중요한 위치를 차지하고 있습니다. 사회(S) 측면에서의 성과는 기업의 재무 성과와 금융 시장의 투자 결정에 영향을 미칩니다. ESG 요소를 고려하지 않는 기업은 금융 시장에서 불리한 위치에 놓일 수 있습니다.

셋째, 리스크 관리와 기회 식별입니다. 사회적 요소를 고려한 ESG 경영은 기업의 리스크 관리와 기회 식별에 도움을 줍니다. 사회적 문제나 논란이 발생하면 기업의 평가와 가치가 하락할 수 있으므로, 사회 측면에서의 리스크 관리가 중요합니다. 또한, 사회적 문제를 해결하는 비즈니스 모델을 개발하면 새로운 시장 기회를 찾을 수 있습니다.

넷째, 장기적인 경제 가치 창출입니다. ESG 경영은 기업의 장기적인 경제 가치 창출에 기여합니다. 사회 책임을 다하고 지속 가능한 사업 모델을 채택하는 기업은 금융 시장과 이해관계자들로부터 더 많은 자본을 유치하고 더 높은 가치를 창출할 수 있습니다. 사회 측면에서 성공을 거두는 기업은 보다 길게 지속되는 가치를 창출하며, 금융 시장에서도 높은 평가를 받을 가능성이 높습니다.

다섯째, 법규 준수입니다. 많은 국가와 지역에서는 ESG 요구 사항을 강화하고 있으며, 이에 따라 ESG 경영은 법적 준수의 필수 요건이 됩니다.

제2항. 사회 측면에서의 ESG 경영의 핵심 원칙

가. 다양성과 포용성 증진

기업은 조직 내에서 다양성과 포용성을 증진해야 합니다. 다양한 배경과 경험을 가진 다양한 인재를 고용하고 그들의 차별 없는 대우를 보장해야 합니다. 다양한 경험과 배경을 가진 직원들은 혁신과 문제 해결에 도움을 주며, 사회적 공정성을 높이는 역할을 합니다.

나. 노동자 권리 존중

노동자의 권리와 복지를 보호해야 합니다. 안전하고 건강한 작업 환경을 제공하고, 공정한 임금을 지급하며, 노동자의 조직화를 존중해야 합니다. 사회적 가치 창출을 위해 노동자의 조건을 개선해야 합니다. 공정한 임금, 안전한 작업 환경, 교육 및 교육 기회 등이 포함됩니다.

다. 고객 보호 및 제품 안전

고객 보호 및 제품 안전은 사회적 책임의 중요한 부분입니다. 제품의 안전성을 보장하고 소비자의 권리를 존중하는 기업은 고객과의 신뢰를 유지하고 법적 문제를 방지할 수 있습니다.

라. 지역사회와의 협력 증진

기업은 지역사회에 기여하는 책임을 가집니다. 사회 프로그램을 통해 교육, 환경, 보건 등 다양한 분야에서 지역사회의 발전을 지원해야 합니다. 지역사회와의 협력을 통해 기업의 사회적 역할을 강조하고 지역 경제를 지원합니다.

마. 윤리적 거래 및 투명성 제고

윤리적 거래와 투명성은 사회(S) 측면에서의 ESG 경영의 핵심입니다. 부패 방지, 금융 거래의 투명성, 공정한 경쟁을 촉진하여 사회적 신뢰를 구축합니다. 기업은 ESG 정보를 공개하고, 의사 결정에 있어 지배구조 원칙을 준수해야 합니다. 이를 통해 투명성을 제고하고 신뢰를 구축할 수 있습니다.

바. 사회적 공헌 확대

기업은 사회적 책임을 다하기 위해 다양한 방법을 채택할 수 있습니다. 사회적 책임은 고용 기회 제공, 사회적 공헌 활동, 고객 및 공급망 관리 등 다양한 영역에서 나타날 수 있습니다.

ESG 경영의 사회 측면은 기업의 지속 가능한 성장과 이해관계자들과의 긍정적인 관계 구축에 중요한 역할을 합니다. 사회 측면의 ESG 경영은 다양성과 포용성, 노동자 권리, 지역사회 기여, 지배구조와 투명성을 강조하여 이를 실현해야 합니다. 이를 통해 기업은 긍정적인 사회적 영향을 창출하며 동시에 지속 가능한 경영을 추구할 수 있습니다. ESG 경영의 사회 측면은 단순히 이해관계자들에 대한 의무적인 요구 사항이 아니라 비즈니스의 성공과 길게 이어질 가치를 창출하는 핵심적인 전략적 요소임을 명심해야 합니다.

제3절. 지배구조 측면에서의 ESG 경영

제1항. 지배구조(Governance) 측면의 중요성

지배구조란 기업 내부의 의사 결정과 리더십의 체계를 의미합니다. 이는 주주와 이해관계자들에게 기업의 투명성과 신뢰를 제공하며, 잘 설계된 지배구조는 기업의 경영 성과 향상과 리스크 관리에 도움을 줍니다. 다음은 지배구조의 중요성을 강조하는 몇 가지 이유입니다.

첫째, 투명성과 신뢰 구축입니다. 잘 관리된 지배구조는 기업의 의사 결정 프로세스를 투명하게 만들어 주고, 주주와 이해관계자들에게 신뢰를 제공합니다. 이는 투자자와 고객들이 기업에 대한 신뢰를 갖고 지속적으로 협력할 수 있도록 합니다.

둘째, 리스크 관리입니다. 잘 설계된 지배구조는 기업의 내부 리스크를 식별하고 관리하는 데 도움을 줍니다. 이는 금융 위기나 리스크 사건 발생 시에도 기업을 안정적으로 유지하는 데 필수적입니다.

셋째, 장기적인 가치 창출입니다. 지배구조는 기업의 장기적인 성과 개선과 가치 창출에 기여합니다. 잘 관리된 기업은 불안정한 환경에서도 경쟁력을 유지하고 지속 가능한 성장을 이룰 수 있습니다.

제2항. 지배구조 측면에서의 ESG 경영의 핵심 원칙

가. 투명성 제고

ESG 지배구조의 핵심은 투명성입니다. 기업은 환경, 사회, 그리고 경영에 관한 정보를 정기적으로 공개해야 합니다. 이를 통해 이해관계자들은 기업의 ESG 실천을 평가하고 신뢰를 쌓을 수 있습니다.

나. ESG 지표 및 보고서 작성

지배구조 측면에서 ESG 경영을 시작하는 핵심 단계는 ESG 지표를 정의하고 관련된 데이터를 수집하는 것입니다. 이러한 지표는 기업의 지배구조와 관련된 ESG 요소를 측정하고 모니터링하는 데 도움이 됩니다. 또한, 기업은 정기적인 ESG 보고서를 작성하여 주주 및 이해관계자에게 기업의 ESG 성과를 투명하게 전달해야 합니다.

다. 책임 있는 리더십

지배구조는 기업의 리더십과 책임성을 강화하는 데 중요한 역할을 합니다. ESG에 대한 책임은 최고 경영진과 이사회에게 주어져야 하며, 이들은 ESG 목표를 설정하고 이행하기 위해 노력해야 합니다. 지배구조를 향상시키고 ESG 경영을 강화하기 위해서는 리더십의 역할이 중요합니다. 최고경영자(CEO)와 이사회는 ESG 원칙을 진지하게 받아들이고, 조직 내에서 이를 실천하도록 지원해야 합니다. 이러한 리더십은 기업의 ESG 문화를 구축하는 데 결정적인 역할을 합니다.

라. 이사회의 독립성 및 역할 강화

기업은 독립적이고 다양한 경험을 가진 이사회를 구성해야 합니다. 독립성은 이해관계자들에게 기업의 결정이 주주 이익과 관련이 있는지를 확인하는 역할을 합니다. 이사회는 ESG에 대한 감독 및 지도 역할을 강화해야 합니다. 이를 통해 기업의 ESG 목표 달성을 지원하고 관련된 리스크를 관리할 수 있습니다.

마. 이해관계자 참여

ESG 지배구조는 이해관계자와의 적극적인 소통과 협력을 장려합니다. 이는 기업의 환경 및 사회적 영향을 이해하고, 이해관계자의 우려를 고려하여 비즈니스 전략을 개발하는 데 도움이 됩니다. 기업은 이해관계자와 지속적인 대화를 유지하고, 그들의 의견과 우려를 듣고 반영해야 합니다. 이해관계자와의 협력을 통해 기업은 더 나은 ESG 전략을 개발하고 지속적인 개선을 이룰 수 있습니다.

바. 장기적인 가치 창출

ESG 지배구조는 단기적인 이익 추구가 아닌 장기적인 가치 창출을 강조합니다. 기업은 ESG 측면에서의 투자와 노력이 장기적으로 이익을 가져올 것이라고 믿어야 합니다.

ESG 경영의 핵심 원칙 중 지배구조 측면은 기업의 지속 가능한 경영에 중요한 역할을 합니다. 잘 설계된 지배구조는 투명성, 신뢰, 리스크 관리, 장기적인 가치 창출을 지원하며, 기업의 사회적 책임을 강화하는 데 기여합니다. 지배구조 측면에서 ESG 경영을 강화하기 위해서는 ESG 지표 및 보고서 작성, 리더십의 역할, 이해관계자와의 대화, 교육과 훈련 등 다양한 단계를 고려해야 합니다. 이러한 노력을 통해 기업은 ESG 경영을 효과적으로 통합하고, 긍정적인 사회적 영향을 창출할 수 있을 것입니다.

제4절. ESG 평가와 평가 방법

제1항. ESG 평가의 중요성

ESG 평가는 기업의 사회적 책임을 측정하고 보고하는 방법 중 하나로, 다음과 같은 이유로 중요합니다.

첫째, 금융 시장에서의 ESG 요구입니다. 금융 시장에서는 ESG 성과가 점점 더 중요해지고 있습니다. ESG 지표를 통한 평가는 기업의 신용도와 투자 가치에 영향을 미치며, ESG 리더 기업은 투자자와 시장에서 경쟁 우위를 점하고 있습니다.

둘째, 투자자와 이해관계자의 요구 증가입니다. ESG 정보는 투자자, 고객, 사회 단체, 정부 기관 등 다양한 이해관계자들에게 중요합니다. 이들은 기업이 사회적 책임을 다하고 환경 문제에 대처하는 데 어떻게 기여하는지에 대한 정보를 필요로 합니다.

셋째, 금융 리스크 관리입니다. ESG 평가는 금융 리스크를 평가하고 관리하는 데 도움이 됩니다. 환경 문제나 사회적 문제로 인한 잠재적 리스크를 미리 파악하고 대비하는 것은 기업의 재무 건전성을 유지하는 데 중요합니다.

넷째, 사회적 명예와 브랜드 가치 향상입니다. ESG 활동을 통해 기업은 사회적 명예를 쌓고 브랜드 가치를 향상시킬 수 있습니다. 지속 가능한 경영은 고객과 직원 간에 긍정적인 인상을 남기며 장기적인 고객 충성도를 촉진합니다.

다섯째, 지속 가능한 경영입니다. ESG는 기업이 장기적인 지속 가능성을 확보하는 데 도움을 줍니다. 지속 가능한 경영은 환경적, 사회적, 경영적 요소를 모두 고려하여 경제적 가치 창출을 추진하는 것을 의미합니다.

제2항. ESG 평가 방법

ESG 평가는 기업의 성과를 측정하고 비교하는 데 도움을 주는 다양한 도구와 방법을 활용합니다. 주요한 ESG 평가 방법에는 다음과 같은 것들이 있습니다.

가. 정성적 방법(ESG 보고서)

정성적 평가는 기업의 ESG 실천을 주관적으로 판단하는 방법으로, 보고서와 사회적 영향에 대한 분석을 토대로 기업의 ESG 성과를 평가합니다. 기업은 정기적으로 ESG 보고서를 발행하여 환경, 사회, 지배 구조에 대한 정보를 제공합니다. 이 보고서는 투명성을 높이고 기업의 ESG 노력을 알리는 데 도움이 됩니다.

나. 정량적 방법(ESG 점수)

정량적 평가는 숫자와 데이터를 기반으로 ESG 성과를 측정합니다. 기업의 환경 성과를 측정하는 데에는 탄소 배출, 물 사용량, 에너지 효율 등의 지표가 사용됩니다. 사회적 성과는 다양성 지수, 노동자 권리 지표, 고객 만족도 등을 사용하여 측정됩니다. 지배구조 성과는 주주 의결권 및 경영진 독립성과 같은 지표를 사용합니다. 기업의 ESG 성과를 종합적으로 평가하여 점수를 부여하는 방식입니다. 이러한 점수는 투자자, 자산 관리자 및 기타 이해관계자들이 기업을 비교할 때 유용합니다.

다. 외부 평가(ESG 인증 및 인증 기관)

독립적인 기관이 기업의 ESG 성과를 검증하고 인증합니다. 이는 신뢰성 있는 ESG 정보를 제공하기 위한 중요한 도구 중 하나입니다. ESG 평가에서 중요한 평가 방법으로는 다음과 같은 것들이 있습니다.

(가) ESG 평가 기관 활용: 독립적인 ESG 평가 기관의 보고서 및 평가 지표를 활용합니다.
(나) ESG 지수 및 랭킹: 다양한 ESG 지수와 랭킹을 활용하여 기업을 비교 분석합니다.
(다) 투자자 및 이해관계자 의견 수렴: 투자자와 이해관계자의 의견을 수렴하여 기업의 ESG 성과를 개선하는 데 활용합니다.

제3항. ESG 평가의 현실적인 도전과 과제

가. 데이터의 한계와 품질

신뢰할 수 있는 ESG 데이터 수집과 보고에 어려움이 있습니다. 데이터의 일관성과 정확성을 유지하기 위한 노력이 필요합니다.

나. 산업 및 지역별 차이

다양한 산업과 지역에서 ESG 지표의 중요성과 관련된 차이가 존재함을 인식해야 합니다. 이에 따라 각 기업은 산업과 지역 특성을 고려하여 ESG 전략을 개발해야 합니다.

ESG 지표와 평가 방법은 기업의 지속 가능성과 사회적 책임을 평가하고 개선하는 데 중요한 역할을 합니다. 기업은 내부적으로 ESG 성과를 개선하고 외부적인 평가를 활용하여 투명성을 높이고 이해관계자의 신뢰를 구축해야 합니다. 또한, 산업 및 지역별로 다양한 요구 사항을 고려하며 ESG를 기업의 핵심 전략에 통합하는 것이 필요합니다. ESG를 효과적으로 관리하고 개선함으로써 기업은 장기적인 성공과 사회적 가치 창출을 동시에 추구할 수 있을 것입니다.

제5절. ESG 경영 성과 측정 지표

제1항. ESG 성과 측정 지표

가. 환경(Environmental) 지표

환경 지표는 기업의 환경 영향을 평가합니다. 이러한 영향은 탄소 배출, 에너지 사용, 자연 자원 소비, 물 사용, 폐기물 관리 등을 포함합니다. 이러한 데이터는 기후 변화 및 자연 환경 보전에 대한 기업의 노력을 반영합니다. ESG 평가에서 중요한 환경 지표로는 다음과 같은 것들이 있습니다.

(가) 환경 지표
- 기업의 탄소 배출량(Carbon footprint) 측정
- 재생 가능 에너지 사용 비율
- 환경 오염 및 방지 조치
- 자원 사용 효율성

(나) 환경 성과 측정
- 온실 가스 감축 목표 달성 여부
- 친환경 제품 개발 및 판매
- 환경 보호 활동 및 기부

나. 사회(Social) 지표

사회 지표는 기업이 사회적 책임을 어떻게 수행하고 있는지를 나타냅니다. 다양성과 포용성, 노동 조건, 고객 관계, 사회 기부 등이 이에 속하

며, 기업의 사회적 영향을 평가합니다. ESG 평가에서 중요한 사회 지표로는 다음과 같은 것들이 있습니다.

(가) 사회 지표
- 고용 기회 제공 및 다양성 관리
- 노동 조건 및 노동자 권리 보호
- 고객 데이터 개인 정보 보호
- 공익 및 사회 기부

(나) 사회 성과 측정
- 사회적 이슈 해결 및 비용 절감
- 사회적 프로젝트 지원 및 투자
- 사회적 영향 평가 및 투명성

다. 지배구조(Governance) 지표

지배구조 지표는 기업의 경영 체계와 윤리적 행동을 평가합니다. 이에는 회사의 경영진의 독립성, 내부 감사, 주주 권리 등이 포함되며, 기업의 투명성과 윤리적 가치를 반영합니다. ESG 평가에서 중요한 지배구조 지표로는 다음과 같은 것들이 있습니다.

(가) 지배구조 지표
- 이사회 구성 및 독립성
- 내부 통제 및 거래 투명성
- 이해관계자와의 의사소통 및 협력

- 부패 방지 정책 및 실천

(나) 지배구조 성과 측정

- 법규 준수 및 법적 문제 예방
- 이사회 효율성 및 윤리적 경영
- 이해관계자 신뢰 증진

제2항. 국제적인 ESG 성과 측정 지표

국제적인 ESG 성과 지표는 기업의 ESG 평가를 돕기 위해 사용되며 다양한 산업과 지역에서 기업의 ESG 성과를 비교하고 평가하는 데 도움을 줍니다. 아래에서 몇 가지 국제적인 ESG 성과 측정 지표를 예시합니다.

가. MSCI ESG Ratings

MSCI는 글로벌 기업의 ESG 성과를 측정하고 평가하는 인덱스와 보고서를 제공합니다. MSCI ESG Ratings는 환경, 사회, 지배구조 측면에서 기업을 등급화하며 이러한 등급을 통해 투자자들이 ESG에 대한 정보를 얻을 수 있습니다.

나. Dow Jones Sustainability Index(DJSI)

DJSI는 지속 가능한 경영을 추진하는 기업들을 선별하여 수록하는 인덱스입니다. 이 인덱스는 환경, 사회, 지배구조 등 다양한 ESG 요소를 평가하고 최우수 기업들을 인정합니다.

다. FTSE4Good Index Series

FTSE Russell이 제공하는 FTSE4Good Index Series는 지속 가능한 기업을 추적하는 인덱스입니다. 이 인덱스는 기업의 환경, 사회적 책임, 지배구조를 평가하고 ESG에 민감한 투자자를 위한 지표를 제공합니다.

라. UN Sustainable Development Goal(SDGs)

유엔 지속 가능한 발전 목표는 국제적인 개발 목표를 설정하고 지속 가능한 발전을 촉진하기 위한 글로벌 노력을 지원합니다. 기업은 자신의 비즈니스 활동이 이러한 목표와 어떻게 부합하는지를 평가하고 보고할 수 있습니다.

마. Carbon Disclosure Project(CDP)

CDP는 기업의 탄소 배출과 기후 변화에 대한 대응을 평가하는 국제적인 플랫폼입니다. 기업은 CDP를 통해 자신의 환경적 성과와 탄소 배출 정보를 보고하고 비교할 수 있습니다.

바. Sustainalytics ESG Risk Rating

Sustainalytics는 기업의 환경, 사회, 지배구조 관련 리스크를 평가하는 리서치 및 분석 기업입니다. Sustainalytics의 ESG Risk Rating은 기업의 ESG 리스크를 숫자 등급으로 제공하며, 투자자가 기업의 ESG 리스크를 식별하고 비교하는 데 도움을 줍니다.

사. Thomson Reuters ESG Data

톰슨 로이터스(Thomson Reuters)는 ESG 관련 데이터를 제공하는 글로벌 정보 제공 업체 중 하나입니다. 그들의 데이터는 기업의 환경, 사회, 지배구조 성과 및 리스크 정보를 컴파일하고 투자 및 기업 평가에 사용됩니다.

아. SASB(Sustainability Accounting Standards Board) Standards

SASB는 기업의 지속 가능한 성과를 측정하고 보고하기 위한 표준을 개발하는 비영리 기구입니다. 각 산업에 대한 특정 ESG 표준을 제공하여 기업이 자신의 산업에 관련된 ESG 지표를 보고할 때 일관성을 유지하도록 돕습니다.

자. Global Reporting Initiative(GRI) Standards

GRI는 기업이 지속 가능한 개발에 대한 정보를 투명하게 보고하도록 돕는 국제적인 표준 기구입니다. GRI 표준은 환경, 사회, 경영 측면에서 기업의 성과를 측정하고 보고하는 방법을 제시합니다.

차. FTSE Blossom Japan Index

이 인덱스는 일본 기업들의 지속 가능한 경영을 평가하고, 이에 부합하는 기업들을 수록합니다. FTSE Blossom Japan Index는 환경, 사회, 지배구조에 대한 기업의 성과를 측정하여 지속 가능한 투자에 중점을 둡니다.

카. Carbon Trust Standard

Carbon Trust는 기업과 조직이 탄소 배출을 감소하고 지속 가능한 환경 성과를 달성하기 위한 노력을 인증하는 역할을 합니다. Carbon Trust Standard는 기업의 탄소 감축 프로그램을 인증하고, 탄소 중립을 달성하는 과정을 평가합니다.

타. ISEAL Alliance

ISEAL Alliance는 지속 가능한 농업 및 환경 관련 표준을 제정하고 검증하는 비영리 기구입니다. 그들의 표준은 농업, 어업, 산림 관리 등 다양한 산업에서 지속 가능한 생산 및 소비를 촉진하기 위해 사용됩니다.

파. Access to Medicine Index

Access to Medicine Index는 제약 회사들의 사회적 책임과 물가, 진단, 백신, 치료제에 대한 접근성을 평가합니다. 이 인덱스는 기업들이 전 세계적으로 의학적 요구를 충족시키는 데 어떤 역할을 하는지를 측정하고 비교합니다.

하. HRC(Human Rights Campaign) Corporate Equality Index

HRC Corporate Equality Index는 LGBTQ+ 인권을 존중하고 지지하는 기업을 인정합니다. 이 인덱스는 기업의 다양성 및 포용적인 노력을 측정하고 사회적으로 책임 있는 기업의 가치를 반영합니다.

거. Global Compact Communication on Progress(COP)

유엔 글로벌 컴팩트는 기업들이 지속 가능한 경영 원칙을 준수하고 진전 상황을 보고하는 데 사용되는 프레임워크를 제공합니다. 기업들은 COP를 통해 환경, 사회, 지배구조 등의 ESG 주제에 대한 정보를 게시하고 정기적으로 업데이트합니다.

이러한 국제적인 ESG 성과 지표는 기업의 ESG 노력을 측정하고 비교하는 데 중요한 역할을 합니다. 투자자, 소비자 및 기타 이해관계자들은 이러한 지표를 사용하여 지속 가능한 기업을 식별하고 지지할 수 있으며, 기업들은 ESG 성과를 향상시키기 위한 가이드로 활용할 수 있습니다.

제6절. ESG 통합 전략

제1항. ESG 통합의 중요성

ESG 통합 전략은 기업에게 다음과 같은 이점을 제공합니다.

첫째, 재무적 이점입니다. ESG 지표를 관리하고 개선함으로써 비용 절감 및 효율성 향상이 가능하게 합니다. ESG 투자자와의 관계 강화로 자본 조달 가능성이 증가합니다. ESG 성과 향상은 재무적 성과 향상과 연결되며 투자자와 주주에게 가치를 제공합니다.

둘째, 리스크 관리입니다. 환경 및 사회적 리스크를 줄이고 규제 준수를 향상시킴으로써 법적 및 기업 이미지 리스크 관리를 가능하게 합니다.

셋째, 브랜드 가치 향상입니다. ESG에 대한 커뮤니케이션을 통해 고객과 이해관계자에게 브랜드 가치를 강화하는 것이 가능하게 합니다. 지속 가능한 경영은 브랜드 이미지를 향상시키고 소비자의 신뢰를 얻는 데 도움을 줍니다.

넷째, 이해관계자와의 관계 강화입니다. ESG 통합 전략은 이해관계자와의 긍정적인 관계를 구축하고 유지하는 데 기여합니다.

다섯째, 기업의 장기적 지속 가능성 확보입니다. ESG 통합 전략은 기업의 장기적인 지속 가능성을 확보하고, 환경 및 사회적 문제로 인한 리스크를 관리하는 데 도움을 줍니다.

여섯째, 금융 시장에서의 ESG 요구입니다. 금융 시장은 ESG 성과를 요구하며, ESG 성과가 투자자와 소비자에게 미치는 영향은 더욱더 커지고 있습니다.

제2항. ESG 통합 전략의 구현 방안

가. ESG 평가 및 목표 설정

ESG 통합 전략의 핵심은 ESG 평가 및 기준을 설정하는 것입니다. 기업은 주요 ESG 지표를 식별하고, 성과를 정량적으로 측정할 수 있는 방법을 개발해야 합니다. ESG 성과를 측정하고, 이를 개선하기 위한 목표를 설정하는 것이 필수입니다. 이러한 목표는 기업의 ESG 성과를 추적하고 개선하기 위한 방향을 제시합니다.

나. 성과 측정과 보고

ESG 통합 전략의 성과는 정량적으로 측정되어야 합니다. 기업은 주기적으로 ESG 보고서를 작성하고, 이를 이해관계자들에게 제공해야 합니다. 이러한 보고서는 투자자, 고객, 규제 기관 등과의 신뢰를 구축하는 데 중요한 역할을 합니다.

다. 리더십의 역할

ESG 통합 전략은 리더십의 지지와 참여가 필수입니다. 경영진은 ESG의 중요성을 이해하고 이를 조직 내에 보급하는 역할을 수행해야 합니다. ESG 통합 전략의 성공을 위해서는, 경영진과 임직원들은 ESG의 중요성을 이해하고, 이를 조직 내외에 효과적으로 전달해야 합니다.

라. 이해관계자와의 협력

ESG 통합 전략의 성공은 이해관계자와의 소통에 의존합니다. 기업은 이해관계자들의 요구 사항을 듣고 투명하게 정보를 제공해야 합니다. ESG 통합 전략은 기업 외부와의 협력을 포함해야 합니다. 이해 당사자와의 대화를 통해 ESG 관련 이슈를 식별하고 해결할 수 있습니다.

마. 지속 가능한 혁신

ESG 통합 전략은 지속 가능한 혁신을 촉진해야 합니다. 새로운 기술과 비즈니스 모델을 통해 환경 및 사회적 도전 과제에 대한 해결책을 찾아야 합니다. ESG 통합 전략은 기업의 모든 부문에 적용되어야 합니다. 생산, 공급망, 인사 관리, 투자 등 모든 활동에 ESG 원칙을 적용하고 효과적으로 관리해야 합니다.

ESG 통합 전략은 기업의 지속 가능성과 경쟁력을 향상시키는 데 중요한 요소로 작용합니다. ESG 관련 이점을 실현하려면 이해관계자와의 협력과 투명성이 필수적입니다. 기업은 ESG를 중심으로 한 전략을 통해 사회적 가치 창출과 장기적인 성장을 동시에 추구할 수 있습니다. ESG 통합 전략은 비지니스 미션과 이익 극대화를 결합하여 더 지속 가능하고 책임감 있는 비즈니스 모델을 구축하는 데 기여할 것입니다. 환경, 사회, 지배 구조 측면에서의 책임을 인식하고, 이를 전략적으로 통합하는 것은 미래를 준비하는 데 있어서 더 중요해질 것입니다.

제7절. ESG 경영의 도전 과제

제1항. 환경(Environmental)적 도전 과제

ESG 경영의 중심 요소 중 하나인 환경적 책임은 기후 변화, 환경 오염, 자원 고갈 등 다양한 측면에서 도전적입니다. 다음은 환경적 도전 과제입니다.

가. 기후 변화 대응

기후 변화는 지구 전체에 영향을 미치며 기업의 운영에도 큰 영향을 미칩니다. 온실가스 배출 감소와 기후 리스크 관리가 필요하며, 이를 위한 적절한 전략을 개발하는 것이 중요합니다.

나. 자원 관리

자원 고갈과 자연 생태계 파괴로 인한 문제는 계속해서 확대되고 있습니다. 기업은 지속 가능한 자원 관리를 통해 이러한 문제에 대응해야 합니다.

다. 온실가스 배출 감소

기업은 온실가스 배출을 줄이고 친환경 에너지 사용을 촉진하는 녹색 에너지 전환 계획을 개발해야 합니다.

라. 자원 효율성 향상

자원 사용을 줄이고 재활용 및 재생 가능 자원 사용을 증가시키는 방안을 모색해야 합니다.

마. 생태계 보전
기업은 생태계 보전을 위한 프로젝트에 투자하고 환경 보호 주체와 협력해야 합니다.

제2항. 사회(Social)적 도전 과제

사회적 측면에서 ESG 경영은 기업의 사회적 책임을 강조하며 이해관계자들의 기대에 부응해야 합니다. 다음은 사회적 도전 과제입니다.

가. 다양성과 포용성 증진
기업은 다양한 인종, 성별, 연령, 장애 여부 등 다양성을 존중하고 촉진해야 합니다. 인크루션(Inclusion)과 다양성을 증진하기 위한 노력이 필요합니다.

나. 노동 관계 개선
노동자의 권리와 안전을 보장하고 적절한 임금을 지급하는 것이 중요합니다. 노동 조건 개선과 노동자의 직장 만족도 증진이 필요합니다.

다. 노동자 권리 보호
노동자의 권리를 존중하고 노동 조건을 개선하여 사회적 고용에 기여합니다.

라. 지역사회 지원

기업은 사업 운영에 영향을 미치는 지역사회에 도움을 주고 협력하여 지속 가능한 발전을 지원해야 합니다.

제3항. 지배구조(Governance)적 도전 과제

지배구조는 기업의 조직과 의사 결정 구조를 다루며 투명성, 책임성, 윤리적 행동을 강조합니다. 지배구조적 측면에서 ESG 경영은 기업의 투명성과 윤리적 경영을 강조합니다. 이를 위한 도전 과제는 다음과 같습니다.

가. 이사회 다양성

이사회의 다양성은 의사 결정 과정에서 중요한 역할을 합니다. 다양한 경험과 배경을 가진 이사회를 구성하는 것이 필요합니다.

나. 거래 투명성

기업은 금융 거래와 재무 정보를 투명하게 공개해야 합니다. 정보의 정확성과 신뢰성을 유지하는 것이 핵심입니다.

다. 투명한 보고 및 회계 기준 준수

기업은 투명하고 정확한 재무 및 비재무 정보를 제공하고 회계 기준을 준수해야 합니다.

라. 윤리적 경영

윤리적 행동과 규범을 강화하고 부패 및 금융 불법 활동을 방지합니다.

ESG 경영은 기업의 장기적인 성공을 위한 필수적인 요소로 자리 잡았지만, 이를 위한 도전 과제는 여전히 많습니다. 환경, 사회, 지배구조의 측면에서 기업은 지속적인 개선과 조치를 취해야 합니다. 이러한 노력을 통해 기업은 지속 가능한 경영 모델을 구축하고 사회적 가치 창출을 증진할 것입니다. ESG 경영의 도전 과제를 극복하는 것은 우리 모두의 이익을 위한 길이며, 기업의 비전과 미션을 실현하는 데 중요한 역할을 합니다. 이러한 도전 과제를 극복하고 지속 가능한 비즈니스 모델을 구축하기 위해서는 리더십의 역할과 계획적인 노력이 필요합니다. 이러한 노력을 통해 기업은 미래를 위한 ESG 경영의 성공을 이룰 수 있을 것입니다.

사회적 기업과 ESG 경영

제1절. 사회적 기업의 개념과 발전 과정

제1항. 사회적 기업(Social Enterprise)의 개념

사회적 기업은 기업의 주요 목표로 이윤 추구를 가지면서도, 사회적 가치 창출을 목표로 합니다. 이러한 사회적 가치는 사회 문제 해결, 지역사회 발전, 환경 보호 등과 관련될 수 있습니다. 사회적 기업은 이러한 사회적 목표를 달성하기 위해 다양한 사회적 이해관계자와 협력하고, 이윤을 재투자하여 사회적 가치를 실현합니다.

이러한 기업은 이익을 얻는 것이 주요 목표가 아니라, 사회 문제 해결이나 지역사회 발전을 위한 비영리 활동을 펼치는 것을 중시합니다. 사회적 기업은 다음과 같은 특징을 가지고 있습니다.

첫째, 이윤 추구와 사회적 가치 창출을 조화시키기 위해 노력합니다.

둘째, 투명하고 책임감 있는 경영을 추구하여 사회적 신뢰를 구축합니다.

셋째, 다양한 이해관계자와 협력하여 지속 가능한 솔루션을 개발합니다.

넷째, 사회적 기업은 주로 사회 문제 해결이나 공공 이익을 추구합니다. 예를 들어, 환경 보호, 빈곤층 지원, 교육 개선 등 다양한 분야에서 활동합니다.

다섯째, 사회적 기업은 얻은 이익을 다시 사회적 목표를 달성하기 위해 재투자하는 데 활용합니다.

제2항. 사회적 기업의 역사

사회적 기업의 개념은 과거부터 존재했으나, 최근 몇십 년 동안 더욱 중요한 역할을 하고 있습니다. 현대 사회적 기업의 역사는 다음과 같이 요약할 수 있습니다.

가. 초기 단계

19세기 중반부터 20세기 초기에는 사회적 기업의 형태로 나타나는 조직들이 있었습니다. 그러나 그 당시에는 이 개념이 명확하게 정의되지 않았습니다.

나. 20세기 후반

20세기 후반에는 사회적 기업의 역할과 중요성이 더욱 부각되었습니다. 다양한 국가에서 사회적 기업을 지원하기 위한 제도와 정책이 도입되었습니다.

다. 현대

21세기에 들어서면서 사회적 기업은 글로벌하게 확산되었습니다. 다양한 분야에서 사회적 기업들이 사회 문제 해결과 지속 가능한 발전을 추진하고 있습니다.

제3항. 사회적 기업의 발전 형태

가. 사회적 기업의 성장과 영향

사회적 기업은 경제적으로 성장하고 사회적으로 긍정적인 영향을 미치는 중요한 역할을 하고 있습니다. 이러한 기업들은 사회적 문제 해결을 통해 지역사회와 국가적인 발전에 기여하며, 새로운 일자리 창출과 혁신적인 솔루션을 제공합니다. 또한 사회적 기업은 사회적 책임과 지속 가능성을 강조하는 전 세계적인 경제 흐름에 부응하고 있습니다.

나. 사회적 기업의 역할 확장

사회적 기업은 다양한 분야에서 발전하고 있으며, 다음과 같은 방향으로 더욱 확장될 것으로 전망됩니다.

(가) 혁신과 기술: 사회적 기업은 혁신과 기술을 통해 사회적 문제를 해결하는 방법을 개발하고 적용하고 있습니다. 예를 들어, 환경 기술, 교육 플랫폼, 의료 기술 등에서 혁신적인 해결책을 제공하고

있습니다.

(나) 글로벌화: 사회적 기업은 국제적인 문제에 대한 대응으로 글로벌 확장을 추구하고 있습니다. 다양한 국가와 지역에서 협력하며 지속 가능한 발전을 실현하려고 노력하고 있습니다.

(다) 파트너십: 사회적 기업은 정부, 기업, 비영리 단체 등과의 파트너십을 통해 자원과 지원을 확보하고 사회적 목표를 달성하는 데 노력하고 있습니다.

다. 사회적 기업의 과제와 미래 전망

사회적 기업은 여전히 다양한 과제에 직면하고 있습니다. 이러한 과제 중 일부는 자금 조달, 정부와의 협력, 사회적 측정과 평가 등이 포함됩니다. 그러나 사회적 기업은 계속해서 발전하고, 미래에는 사회적 가치 창출과 경제적 지속 가능성을 더욱 효과적으로 결합하는 방법을 모색할 것으로 기대됩니다.

사회적 기업은 현대 사회의 중요한 경제 주체로 자리 잡고 있으며, 사회 문제 해결과 지속 가능한 발전을 위한 중요한 도구로 인정받고 있습니다. 사회적 기업은 이윤 추구와 사회적 가치 창출을 조화시키는 모범적인 비즈니스 모델로서 계속해서 성장하고 발전할 것으로 예상됩니다. 사회적 기업은 계속해서 사회와 환경 문제에 대한 해결책을 제공하고, 지속 가능한 미래를 위한 중요한 파트너가 될 것입니다.

제2절. 사회적 기업의 특징과 장단점

제1항. 사회적 기업의 특징

가. 사회적 미션

사회적 기업은 사회 문제 해결을 목표로 하며, 그들의 비전과 미션은 이윤 추구를 넘어 사회적 가치 창출에 중점을 두고 있습니다. 이러한 사회적 미션은 종종 환경, 빈곤, 교육, 건강 등 다양한 사회 문제에 직접적으로 관련되어 있습니다.

나. 사회적 영향 측정

사회적 기업은 자신들의 사회적 영향을 측정하고 추적하는 데 주력합니다. 이러한 영향 측정은 투명성을 높이고, 자체 평가를 통해 지속적인 개선을 이끌어 내는 데 도움을 줍니다. 사회적 영향 측정은 사회적 기업의 활동이 어떻게 사회에 도움을 주는지 명확하게 보여 줍니다.

다. 이윤 추구와 사회적 가치 균형

사회적 기업은 수익을 추구하면서도 사회적 가치 창출에 주력합니다. 이를 통해 경제적 지속성과 사회적 영향을 동시에 실현하는 것이 목표입니다. 사회적 기업은 기본적으로 이윤 추구를 목표로 하지만, 그들은 동시에 사회적 가치를 창출하고 사회 문제를 해결하기 위해 노력합니다. 이것이 사회적 기업의 가장 중요한 특징 중 하나입니다.

라. 투명성과 사회적 책임

사회적 기업은 투명성을 강조하며 자신들의 사회적 성과를 공개적으로 보고합니다. 또한 사회적 기업은 사회적 책임을 갖고 자신들의 비즈니스 활동이 사회와 환경에 미치는 영향을 고려합니다. 사회적 기업은 자체적으로 동작과 이윤 사용에 대한 투명성을 제공하고, 책임감 있게 운영됩니다. 이는 이해관계자들에게 신뢰를 줍니다.

마. 수익 모델의 다양성

사회적 기업은 이윤 추구를 위한 다양한 수익 모델을 채택할 수 있습니다. 이러한 다양성은 사회적 기업이 지속 가능하게 운영될 수 있도록 합니다. 수익 모델로는 제품 판매, 서비스 제공, 기부, 정부 지원 등이 포함됩니다.

제2항. 사회적 기업의 장점

첫째, 사회 문제 해결입니다. 사회적 기업은 사회 문제를 해결하는 데 기여하므로 지역사회와 사회 전반에 긍정적인 영향을 미칩니다. 이로 인해 사회적 기업은 지역사회의 지속 가능한 발전을 촉진하고 사회적 불평등을 줄이는 데 기여합니다.

둘째, 혁신과 경쟁력 확보입니다. 사회적 기업은 사회 문제를 해결하기 위한 혁신적인 솔루션을 개발하고, 이를 통해 새로운 시장을 개척하며 경쟁력을 확보할 수 있습니다. 이로써 다른 기업에게도 영감을 주고, 새로운 비즈니스 모델을 유발합니다.

셋째, 사회적 투명성입니다. 사회적 기업의 투명성은 고객과 이해관계자들에게 높은 신뢰를 얻을 수 있도록 돕습니다. 이로 인해 긍정적인 브랜드 이미지와 고객 충성도를 유지할 수 있습니다.

넷째, 사회적 투자 유치입니다. 많은 투자자와 소비자들은 사회적 가치 창출을 중요시하며 사회적 기업에 투자하거나 구매하는 경향이 있습니다.

제3항. 사회적 기업의 단점

첫째, 자금 조달 어려움입니다. 사회적 기업은 이윤 추구를 목표로 하지만, 이를 위한 자금 조달이 어려울 수 있습니다. 이로 인해 자금 조달과 사회적 미션 달성 사이의 균형을 유지하는 것이 어려울 수 있습니다. 투자자와 금융 기관은 사회적 영향을 달성하기 위한 시간과 리스크를 고려하여 투자를 고려하기 때문입니다.

둘째, 다종 목표에 대한 갈등입니다. 사회적 기업은 이윤 추구와 사회적 미션 달성을 균형 잡기 어려울 때가 있습니다. 종종 경제적 이익을 얻기 위해 사회적 미션을 희생해야 할 수 있으며, 이는 이중 목표 간의 갈등을 야기할 수 있습니다.

셋째, 이윤 약화입니다. 사회적 기업은 사회적 미션에 집중하기 때문에

순이익이 일반 기업에 비해 낮을 수 있습니다.

넷째, 경쟁과 지속 가능성 어려움입니다. 경쟁이 치열한 비즈니스 환경에서 사회적 기업은 경쟁사들과의 경쟁에서 밀리지 않도록 노력해야 합니다. 지속 가능한 경영과 사회적 가치 창출을 균형 있게 유지하는 것은 어려운 과제일 수 있습니다. 일부 분야에서는 기존 경쟁 업체들과 경쟁하기 어려울 수 있으며, 장기적으로 지속 가능한 경쟁력을 유지하기 위해 노력해야 합니다.

사회적 기업은 사회적 문제 해결과 경제적 이익 추구를 조화롭게 추진하는 기업 모델로, 이들의 특징과 장단점을 고려하면서 지속 가능한 사회 발전을 위한 중요한 역할을 하고 있습니다. 이러한 기업들은 사회적 책임과 이윤 추구 사이의 균형을 유지하면서, 미래의 더 나은 사회를 구축하는 데 기여하고 있습니다.

제3절. 사회적 기업의 유형과 비즈니스 모델

제1항. 사회적 기업의 유형

사회적 기업은 다양한 형태와 크기로 존재하며, 그 목표와 방식에 따라 다양한 유형으로 나눌 수 있습니다. 몇 가지 주요한 유형은 다음과 같습니다.

가. 이윤 추구형 사회적 기업

이윤 추구형 사회적 기업은 수익을 얻는 동시에 사회적 문제를 해결하려는 목표를 가지고 있습니다. 이들은 사회적 가치 창출을 자사의 비즈니스 모델에 통합시키고자 노력하며, 이를 통해 이윤을 창출하고 사회적 목표를 달성하려고 합니다.

나. 비영리 사회적 기업

비영리 사회적 기업은 이윤 추구가 아닌 사회적 문제 해결을 주된 목표로 삼습니다. 이들은 자원을 모으고 분배하여 사회적 목표 달성을 위해 노력합니다. 비영리 사회적 기업은 기부금, 자원봉사자, 정부 보조금 등을 활용하여 자금을 조달합니다.

비영리 사회적 기업은 주로 자원봉사와 기부금을 통해 자금을 확보하며, 이를 활용하여 사회적 목표를 달성합니다. 주요 목표는 이윤을 추구하기보다는 사회 문제에 직면한 개체 또는 지역 커뮤니티의 도움을 주는 것입니다.

다. 혼합형 사회적 기업

혼합형 사회적 기업은 이윤 추구와 사회적 목표 달성을 모두 중요시합니다. 이들은 일정한 이윤을 추구하면서도 사회적 가치 창출을 위해 노력합니다. 이러한 기업은 자체적으로 사회적 목표를 달성하기 위한 프로그램을 개발하거나 다른 비영리 단체와 협력합니다.

라. 협동 사회적 기업

협동 사회적 기업은 일반적으로 구성원들 간의 협력과 자율성을 중시합니다. 구성원들이 함께 일하고 이윤을 나누며, 사회적 목표 달성을 위해 노력합니다. 이러한 모델은 지역 커뮤니티의 지속 가능한 발전을 촉진하는 데 기여합니다.

마. 환경 사회적 기업

환경 사회적 기업은 주로 환경 문제에 집중하며, 친환경 제품 및 서비스를 제공하거나 환경 보전 프로젝트를 추진합니다. 이들은 이윤을 추구하는 동시에 지구 환경 보전을 위해 노력합니다.

제2항. 사회적 기업의 비즈니스 모델

사회적 기업은 다양한 비즈니스 모델을 채택하여 사회적 가치 창출을 실현합니다. 다음은 몇 가지 일반적인 사회적 기업 비즈니스 모델입니다.

가. 제품 또는 서비스 판매 모델

많은 사회적 기업은 제품 또는 서비스를 판매하여 이익을 창출하고 동시에 사회적 가치를 실현합니다. 예를 들어, 친환경 제품을 판매하거나, 소외된 고용인들에게 직업 훈련을 제공하는 사회적 기업이 이 모델을 채택할 수 있습니다.

나. 브랜드 협력 모델

일부 사회적 기업은 대형 기업과 협력하여 사회적 가치를 공동으로 창출합니다. 대형 기업은 사회적 기업의 제품을 구매하거나 협력 프로젝트를 진행함으로써 자사의 기업 책임성을 강조합니다.

다. 소셜 프랜차이징 모델

이 모델은 사회적 기업이 자신의 비즈니스 모델을 다른 지역 또는 커뮤니티로 확장하는 것을 의미합니다. 이러한 확장을 통해 사회적 기업은 더 많은 사람들에게 혜택을 제공하고 사회적 영향을 확대합니다.

라. 민간-공공 협력 모델

사회적 기업은 종종 정부 기관 또는 공공 기관과 협력하여 사회적 문제를 해결하는 데 기여합니다. 이러한 협력을 통해 사회적 기업은 정부 자금이나 자원을 활용하여 사회적 가치를 창출합니다.

마. 공유 경제 모델

사원 공유와 공동 소유를 중시하며, 지속 가능한 생활 방식을 촉진하고 사회적 가치를 창출합니다.

바. 인클루시브(Inclusive) 비즈니스 모델

경제적 불평등을 줄이고 사회적인 다양성을 증진하기 위해 제품과 서비스를 저렴하게 제공하거나 어려운 상황의 사람들에게 기회를 제공합니다.

사. 혼합(Blended) 가치 사슬 모델

이 모델은 사회적 기업이 사회적 가치를 창출하기 위해 다른 기업, 비영리 단체, 정부, 지역 커뮤니티와 협력하는 것을 강조합니다. 이들은 각 이해관계자가 자신의 역할과 지식을 활용하여 사회적 목표를 달성합니다.

아. 부스트랩핑(Bootstrapping) 모델

부스트랩핑 모델은 초기 자본 투자가 부족한 사회적 기업을 위한 비즈니스 모델입니다. 이 모델은 최소한의 자금으로 시작하고, 이윤을 누적하여 사회적 목표를 달성하는 방식을 강조합니다.

제4절. 사회적 기업과 ESG

제1항. 사회적 기업과 ESG의 연관성

사회적 기업은 사회적 목표를 추구하면서 ESG 요소를 통합하는 플랫폼으로 작용할 수 있습니다. 예를 들어, 환경친화적 제품을 제조하고 사회적 가치를 증진하는 사회적 기업은 ESG 지표에서 우수한 평가를 받을 가능성이 높습니다. ESG 경영은 사회적 기업이 지속 가능한 경영을 추구하는 도구로 활용될 수 있습니다. 기업은 환경적, 사회적, 지배구조적 요소를 개선하면서 동시에 사회적 기업의 사회적 목표를 달성할 수 있습니다.

가. 환경(Environmental)

ESG 경영은 환경 보호를 강조하며, 사회적 기업은 친환경 제품과 서비스를 개발하고 친환경 생산 방식을 채택함으로써 환경적 가치를 높일 수 있습니다.

나. 사회(Social)

사회적 기업은 사회적 문제 해결을 목표로 하지만, ESG 경영은 노동자 권익, 다양성과 포용성, 소비자 건강과 안전 등을 고려합니다. 이러한 측면을 개선하면 사회적 기업의 지속 가능성과 사회적 영향을 향상시킬 수 있습니다.

다. 지배구조(Governance)

사회적 기업은 사회적 책임을 중시하므로, ESG 경영의 'G' 측면을 강화하는 데 도움이 됩니다. ESG 경영은 기업 내부의 투명성, 윤리성, 리더십 등을 강조하며, 사회적 기업은 투명한 경영과 사회적 책임을 담당하는 지배구조를 구축함으로써 신뢰와 신뢰성을 향상시킬 수 있습니다.

라. 사회적 기업과 ESG 경영의 상호 보완성

사회적 기업과 ESG 경영은 상호 보완성을 갖습니다. 사회적 기업이 ESG 원칙을 준수하면서 경영한다면 기업의 사회적 가치와 신뢰성을 향상시킬 수 있습니다.

ESG 경영은 사회적 기업의 투자 유치와 파트너십 형성에 도움이 됩니다. ESG 지표를 충족하는 기업은 투자자와 파트너사로부터 높은 평가를 받을 가능성이 높아집니다.

제2항. ESG 경영이 사회적 기업에 미치는 영향

가. 사회적 가치 제고

ESG 경영은 사회적 기업이 사회 문제를 해결하고 사회적 가치를 제고하는 데 도움을 줍니다. 사회적 기업은 이윤 추구뿐만 아니라 사회적 문제 개선을 위해 노력하는데, ESG 지표를 통해 이러한 노력을 보다 효과적으로 측정하고 전달할 수 있습니다.

나. 자금 조달 및 투자 유치

ESG 경영은 사회적 기업에게 자금 조달 및 투자 유치에 도움을 줍니다. ESG에 대한 긍정적인 성과와 평가는 투자자와 금융 기관들의 관심을 끌고, 사회적 기업의 자금 조달을 용이하게 합니다.

다. 고객과의 연결

ESG 경영은 고객과 브랜드 간의 긍정적 관계를 형성하는 데 도움을 줍니다. 소비자들은 환경적, 사회적 가치를 고려하여 제품 및 서비스를 선택하는 경향이 있으며, ESG 경영을 강조하는 기업은 고객의 선호도를 충족시킬 수 있습니다.

라. 규제 준수

ESG 경영은 정부와 규제 기관의 규정 및 규제 준수를 강조합니다. 사회적 기업은 ESG 요구 사항을 준수하면서 법률 및 규정을 준수하는 모범 기업으로 인정받을 수 있습니다.

마. 사회적 영향력 확대

ESG 지표를 기반으로 경영하는 사회적 기업은 사회 문제 해결에 더 큰 중점을 두며, 이로 인해 더 큰 사회적 영향을 창출합니다. 사회적 문제 해결은 기업의 미션과 부합하며, 이를 통해 고객, 투자자, 지역사회와의 긍정적인 관계를 유지할 수 있습니다.

사회적 기업과 ESG 경영은 모두 기업의 지속 가능성과 사회적 책임을 강화하는 데 중요한 역할을 합니다. 사회적 기업과 ESG 경영은 서로 상호 보완적인 개념으로, 기업의 지속 가능성과 사회적 책임을 높이는 데 기여합니다. 두 가지 개념을 융합하면, 기업은 이윤 추구와 동시에 사회적 가치 창출과 환경 보호를 실현할 수 있습니다. 이러한 두 접근법을 통합하여 기업이 이윤을 추구하면서도 사회적 가치를 창출하고 지속 가능한 미래를 구축할 수 있습니다. 이는 미래의 비즈니스 환경에서 더욱 중요한 역할을 할 것으로 예상됩니다.

제5절. 사회적 기업의 ESG 경영 전략

제1항. 사회적 기업의 ESG 경영의 주요 원칙

가. 리더십의 역할 강화

사회적 기업의 ESG 경영 전략은 최상위 리더십의 지원과 헌신이 필요합니다. 경영진은 ESG를 조직의 핵심 가치로 수용하고 이를 실행하는 데 필요한 리소스를 할당해야 합니다.

나. 목표 설정과 측정

ESG 경영 전략의 핵심은 목표 설정과 성과 측정입니다. 사회적 기업은 각 ESG 영역에 대한 구체적인 목표를 설정하고 정량적 지표를 통해 성과를 추적해야 합니다.

다. 이해관계자와의 협력

ESG 경영은 이해관계자와의 협력을 중요하게 생각해야 합니다. 이해관계자의 의견을 수렴하고 그들의 기대를 충족시키는 방식으로 사회적 가치를 창출할 수 있습니다.

라. 투명한 ESG 성과 보고

사회적 기업은 ESG에 대한 투명하고 정기적인 보고를 통해 조직의 성과와 진전 상황을 공개해야 합니다. 투명성은 신뢰를 증진시키고 이해관계자와의 소통을 강화합니다.

제2항. 사회적 기업의 ESG 경영 전략 개발 시 고려 사항

가. ESG 경영 전략 개발

사회적 기업이 ESG 경영 전략을 개발할 때, 다음 단계를 고려해야 합니다.

(가) ESG 평가: 먼저, 기업은 현재의 ESG 실적을 평가하고 개선해야 할 부분을 식별해야 합니다. 이를 위해 외부 감사, 자체 평가, 이해관계자와의 대화 등 다양한 방법을 활용할 수 있습니다.

(나) 전략 수립: ESG 목표를 설정하고 이를 달성하기 위한 전략을 개발합니다. 이때 기업의 핵심 가치와 미션을 고려하여 ESG 경영과 조화를 이루는 것이 중요합니다.

(다) 구현 및 모니터링: 개발한 전략을 구현하고 주기적으로 모니터링하여 성과를 추적하며 필요한 조정을 수행합니다.

나. 이해관계자의 참여

ESG 경영은 이해관계자와의 협력이 필수적입니다. 고객, 투자자, 지역사회, 노동 조합, 정부 등 다양한 이해관계자의 의견과 우려를 듣고 반영하는 것이 중요합니다.

다. 지속 가능한 성장 추구

사회적 기업이 ESG 경영을 통해 지속 가능한 성장을 추구하면서, 환경과 사회에 긍정적인 영향을 미칠 수 있습니다. 이를 통해 기업은 미래의 도전과 기회에 대비하고 지속 가능한 성공을 이룰 것입니다.

제3항. ESG 경영을 통한 사회적 기업의 성과

가. 사회적 가치 창출

사회적 기업은 자신의 미션과 사회적 목표를 달성하기 위해 노력합니다. 이러한 목표는 종종 환경 문제 해결, 사회적 불평등 감소, 교육 개선 등과 관련이 있습니다. ESG 경영 지표를 충족시키는 것은 사회적 기업이 이러한 가치를 창출하는 데 도움이 됩니다.

나. 금융적 성과

많은 사회적 기업은 ESG 지표를 준수함으로써 금융적 이점을 얻습니다. ESG에 대한 투자와 지원은 사회적 기업의 성장과 안정성을 높일 수 있으며, 투자자와 고객으로부터의 신뢰를 증진시킵니다.

다. 경제적 성과

ESG 경영을 통해 사회적 기업은 신뢰와 지지를 얻을 뿐만 아니라 장기적인 경제적 이익을 창출할 수 있습니다. ESG를 준수하는 기업은 기업 가치와 주가 등에서 긍정적인 영향을 볼 수 있습니다.

라. 이해관계자와의 긍정적 관계

ESG 지표를 통해 사회적 기업은 이해관계자들과 긍정적인 관계를 유지하고 이익을 공유합니다. 이해관계자들의 지지를 받는 사회적 기업은 파트너십 형성과 새로운 기회를 발견할 수 있습니다.

마. 지속 가능한 경영

ESG 경영은 사회적 기업이 장기적으로 지속 가능한 비즈니스 모델을 구축하는 데 도움을 줍니다. 환경친화적인 제품과 서비스는 자원 절약 및 비용 절감을 도모하며, 사회적 책임은 근로자와 지역사회와의 긍정적 관계를 유지하도록 도와줍니다.

제6절. 사회적 기업과 ESG 경영의 미래

제1항. 사회적 기업의 역할

가. 사회적 가치 창출

사회적 기업은 순수한 이윤 추구뿐만 아니라 사회적 가치 창출을 목표로 합니다. 이들은 다양한 사회 문제를 해결하고 사회 개선에 기여함으로써 지속 가능한 사회를 구축하는 데 도움을 줍니다.

나. 이해관계자 협력

사회적 기업은 다양한 이해관계자와 협력하여 문제 해결과 사회적 가치 창출을 위한 파트너십을 구축합니다. 이는 기업의 ESG 경영을 강화하고, 사회적 문제에 대한 효과적인 대응을 가능하게 합니다.

제2항. ESG 경영의 역할

가. 사회적 책임

ESG 경영은 기업의 사회적 책임을 강조합니다. 기업은 이제 더 이상 순수한 이윤 추구만이 아니라, 환경 보전, 사회적 공헌, 공정한 경영 등 다양한 측면에서 사회적 책임을 다해야 합니다. 이는 기업의 평판을 향상시키고, 장기적인 성장에 도움을 줄 수 있습니다.

나. 리스크 관리

환경 문제, 사회적 이슈, 경영 투명성 등을 고려하지 않는 기업은 금융적 및 운영적 리스크에 노출될 수 있습니다. ESG 경영은 이러한 리스크를 줄이고 기업의 안정성을 향상시키는 데 기여합니다.

제3항. 사회적 기업과 ESG 경영의 미래

가. ESG 경영의 확산

미래에는 ESG 경영이 더욱 확산되어 기업들이 지속 가능한 경영 모델을 채택하는 것이 당연한 것으로 여겨질 것입니다. 투자자와 소비자들이 ESG 지표를 기반으로 기업을 평가하고 투자하는 것이 일반적인 실천으로 자리 잡을 것입니다.

나. 사회적 기업의 성장

미래에는 사회적 기업들이 더욱 중요한 역할을 할 것으로 예상됩니다. 정부와 기업들은 사회 문제와 지속 가능성에 대한 해결책으로 사회적 기업을 지원할 것이며, 이를 통해 사회적 부의 재분배와 사회 문제 해결을 촉진할 것입니다.

다. 사회적 기업과 ESG 경영의 통합

미래에는 사회적 기업과 ESG 경영이 더욱 통합될 것으로 예상됩니다. 사회적 기업은 이미 ESG 원칙을 핵심 가치로 받아들이고 있으며, ESG 경영은 사회적 기업의 성과 측정과 보고를 향상시키는 데 도움을 줍니다. 둘

간의 융합은 미래 기업의 지속 가능성과 사회적 영향을 극대화하는 방향으로 나아갈 것입니다.

라. 정부와 규제의 역할 증가

사회적 기업과 ESG 경영의 미래를 모색할 때 정부와 규제 기관의 역할은 중요합니다. 정부는 ESG 보고 요구 사항을 강화하고 사회적 기업을 지원하기 위한 정책을 개발할 것으로 예상됩니다. 또한, 규제 기관은 기업들의 ESG 경영 실천을 감독하고 규제 준수를 촉진할 것입니다.

사회적 기업과 ESG 경영은 기업의 미래를 지배할 중요한 요소 중 하나로 부상하고 있습니다. 이러한 접근법은 이익 추구뿐만 아니라 지속 가능성과 사회적 책임을 고려하는 기업들에게 큰 이점을 제공할 것으로 기대됩니다. 미래에는 이러한 경영 모델이 더욱 발전하고 기업과 사회에 긍정적인 영향을 미칠 것입니다. 따라서 기업들은 사회적 기업과 ESG 경영을 적극적으로 채택하고 미래를 준비해야 합니다.

제2부

ESG 리더십

제1장

비즈니스 환경 변화와 ESG 리더십

제1절. 지속 가능성과 ESG 경영

제1항. 지속 가능성(Sustainability)과 ESG 경영의 의미

지속 가능성(Sustainability)은 단순한 환경 보호나 사회적 책임을 넘어서, 기업의 장기적인 생존과 발전을 위한 필수적인 요소로 간주되고 있습니다. 기업은 이러한 지속 가능성을 달성하기 위해 ESG 요소를 고려하고 경영에 통합해야 합니다.

가. 환경(Environmental)

기업은 환경적 영향을 최소화하고 친환경적 방향으로 운영해야 합니다. 환경친화적인 경영을 통해 자연환경 보전과 에너지 효율성을 향상시키는 것이 중요합니다. 탄소 배출 감소, 재활용, 환경친화적 제품 개발 등이 이에 해당합니다.

나. 사회(Social)

사회적 책임을 다하는 것은 기업의 명예와 신뢰를 쌓는 데 중요합니다. 다양성과 포용성, 노동권 보호, 공정한 급여, 사회적 기부, 윤리적 거래 등이 사회적 측면에서 고려해야 할 사항입니다. 또한 사회적 이슈에 대한 민감성을 보이고 사회 기여를 향상시켜야 합니다.

다. 지배구조(Governance)

기업은 투명성, 윤리, 회계 규정 준수 등의 지배구조 원칙을 준수해야 합니다. 이는 기업 내부의 효율성과 신뢰성을 증진시키며, 이를 통해 투자자와 이해관계자의 신뢰를 얻을 수 있습니다. 투명하고 효율적인 기업 운영은 주주들의 이익을 보호하고 금융적 안정성을 유지하는 데 도움이 됩니다. 이는 회사의 윤리 규범, 경영진의 독립성, 보상 제도 등을 포함합니다.

제2항. 지속 가능성과 ESG 경영의 중요성

첫째, 금융 시장에서의 가치입니다. 지속 가능성 리더 기업은 미래에 걸친 경쟁력을 확보하고 금융 위기에 강한 위치에 있습니다. ESG 평가 기관들이 ESG 성과를 평가하고, ESG 기준을 충족하는 기업에 대한 투자가 증가하고 있습니다. ESG 성과가 우수한 기업은 자금 조달과 투자의 기회를 확보하며 금융 시장에서 더 높은 가치를 창출할 수 있습니다.

둘째, 이해관계자와의 관계 강화입니다. 고객, 공급 업체, 직원, 정부, 비정부 기구 등 다양한 이해관계자들이 기업에게 ESG 경영을 요구하고 있습니다. ESG 경영은 고객, 공급 업체, 직원, 정부, 비영리 단체 등 다양한 이해관계자들과의 긍정적인 관계를 형성하는 데 도움이 됩니다. 이는 기업의 평판과 브랜드 가치를 향상시킵니다.

셋째, 리스크 관리입니다. 지속 가능성과 ESG 경영은 환경적, 사회적, 법적, 규제적 리스크를 관리하는 데 도움이 됩니다. 이는 미래의 불확실한 요소들에 대비하는 데 중요한 역할을 합니다.

넷째, 규제 요구 사항 대응입니다. 많은 국가와 규제 기관이 ESG 보고를 의무화하고 있으며, 이러한 규제 준수는 기업의 리스크 관리와 법적 문제 예방에 도움을 줍니다.

다섯째, 사회적 명성과 브랜드 이미지 향상입니다. ESG 기준을 준수하는 기업은 고객과 사회로부터 긍정적으로 인식되며, 브랜드 이미지를 향상시킬 수 있습니다. 반대로, ESG를 무시하는 기업은 리스크를 감수하게 됩니다.

여섯째, 혁신과 경쟁력 향상입니다. ESG 경영은 환경친화적인 제품 및 서비스를 개발하고 효율적인 프로세스를 채택함으로써 기업의 혁신 능력을 향상시키고 경쟁력을 강화합니다.

일곱째, 장기적 성과 개선입니다. ESG 경영은 기업의 장기적인 성과에 긍정적인 영향을 미칩니다. 지속 가능한 경영은 환경 문제와 사회 문제를 예방하고, 리스크를 감소시키며, 미래 성장 기회를 창출할 수 있습니다.

여덟째, 지구 환경 보호입니다. 환경친화적인 경영은 지구 환경 보호에 기여하며, 미래 세대를 위한 지속 가능한 세상을 만들 수 있습니다. 기업이 환경적 책임을 충실히 이행하면서도 경제적 성장을 동시에 추구할 수 있는 방법을 모색해야 합니다.

지속 가능성과 ESG 경영은 미래를 준비하고 성공적인 비즈니스를 구축하기 위한 필수적인 요소로 부상하고 있습니다. 기업은 환경, 사회, 지배구조 요소를 고려하여 ESG를 통합하고, 이를 통해 금융적 성과뿐만 아니라 사회적 가치도 창출해야 합니다. 이는 금융 시장에서의 경쟁력을 향상시키고, 이해관계자들의 신뢰를 얻는 중요한 수단이 될 것입니다. 이를 통해 우리는 보다 지속 가능하고 공정한 세계를 구축할 수 있을 것입니다.

제2절. ESG 경영과 리더십의 역할

제1항. ESG 경영에 대한 리더십의 역할

가. 비전과 목표 설정

리더는 기업의 ESG 비전과 목표를 제시하고 이를 조직 내에 홍보합니다. 리더는 ESG 이니셔티브에 직접 참여하고 지원하여 구체적인 결과를 도출할 수 있도록 해야 합니다. 리더십은 ESG를 조직의 핵심 가치와 전략의 일부로 통합하는 비전을 제시해야 합니다. 이를 통해 조직 구성원들에게 ESG의 중요성을 강조하고 목표 달성을 위한 방향을 제시할 수 있습니다.

나. ESG 경영의 통합

리더는 ESG 요소를 통합한 전체적인 관점을 가져야 합니다. 단순히 환경 문제에만 집중하거나, 사회적 문제를 무시하지 말아야 합니다. 지속 가능한 비즈니스 모델을 개발하고, 이를 조직 전반에 효과적으로 통합하는 데 중요한 역할을 합니다.

다. 조직 내 의식 확산

리더십은 ESG 경영을 모든 조직 구성원에게 홍보하고 확산시켜야 합니다. 교육 및 훈련 프로그램을 제공하고, ESG 원칙을 조직 문화에 통합시켜야 합니다. 이를 통해 모든 조직 구성원이 ESG에 기여할 수 있게 됩니다.

라. 조직 문화 구축

리더는 조직 내에서 ESG를 중요한 가치로 내세우고, 이를 실천하기 위한 문화를 조성해야 합니다. ESG 경영을 통합하기 위해서는 리더십에서부터 시작해야 합니다. 리더는 ESG를 조직 문화의 핵심으로 포함시켜야 합니다.

마. 외부 커뮤니케이션 강화

리더십은 외부 이해관계자와의 소통을 강화해야 합니다. 투자자, 고객, 공공기관, 비즈니스 파트너 등과의 협력을 통해 ESG 경영의 성과와 진전을 공개하고 설명해야 합니다.

바. 투자 및 리스크 관리

리더십은 ESG 관련 투자와 리스크를 관리하는 데 중요한 역할을 합니다. ESG 리더십은 재무 투자 및 리스크 관리를 향상시키는 데 도움을 줍니다.

사. 혁신과 변화 주도

리더는 ESG에 관한 혁신적인 접근법을 촉진하고 조직 내에서 변화를 주도해야 합니다. 리더십은 ESG 경영을 지속적으로 혁신하고 개선하는 문화를 조성해야 합니다. 새로운 기술과 아이디어를 적극적으로 도입하고 ESG 목표 달성을 위한 노력을 계속 강화해야 합니다.

아. ESG 경영의 성과 측정과 보고

리더는 ESG 성과를 정량적으로 측정하고 투명하게 보고하는 과정을
이끌어야 합니다. 이를 통해 기업의 ESG 역량을 강화하고, 투자자, 고객,
사회와의 신뢰를 증진시켜야 합니다.

제2항. ESG 경영과 리더십의 상호 작용

가. ESG 경영과 리더십의 연계성

ESG 경영과 리더십은 서로 밀접하게 연계되어 있습니다. 리더십이
ESG 원칙을 실천하고 통합하는 데 결정적인 역할을 하며, 동시에 ESG 경
영은 리더십의 품질을 향상시킬 수 있습니다.

나. 리더십이 ESG 경영에 미치는 영향

리더십의 품질이 높을수록 기업은 ESG 원칙을 적극적으로 추진하며
사회적 책임을 다하고 환경친화적인 사업을 개발하는 데 성공할 가능성
이 높아집니다.

다. ESG 경영이 리더십에 미치는 영향

ESG 경영은 리더십에 영향을 미치는데, 이는 조직 내부의 문화와 가치
관을 형성하고 리더십에 ESG 관점을 통합하는 데 도움을 줄 수 있습니다.

라. 상호 작용의 중요성

ESG 경영과 리더십은 상호 작용함으로써 지속 가능한 경영을 실현할

수 있습니다.

(가) 책임감 있는 리더십: ESG 경영을 실천하는 리더십은 조직 내에서 책임감 있는 문화를 형성하고 유지하는 데 도움을 줍니다. 리더는 예시를 보여 주고, 다른 구성원들에게 책임을 분산시키는 방식으로 ESG 가치관을 실천하도록 격려해야 합니다.

(나) 지속 가능한 성과: ESG 경영은 장기적인 성과에 영향을 미칩니다. 리더십은 기업의 장기적인 비전을 강조하고 이를 달성하기 위한 전략을 개발하며, 이로써 기업이 지속 가능한 성과를 창출할 수 있도록 합니다.

ESG 경영은 미래의 기업 경영에 있어서 더욱 중요한 위치를 차지하고 있습니다. 리더십은 이러한 경영 전략을 구현하고 조직을 변화시키는 핵심 역할을 합니다. ESG 경영과 리더십의 조화로운 결합은 기업이 더 높은 수준의 지속 가능성과 사회적 책임을 실현하도록 도와줄 것입니다. 리더는 ESG 가치와 비전을 적극적으로 채택하고 조직 내외에 효과적으로 전파하며, ESG 경영을 조직의 DNA로 만들기 위해 끊임없는 노력을 기울여야 합니다. 이를 통해 기업은 긍정적인 경제적, 사회적, 환경적 영향을 창출하며 장기적인 성장과 성공을 이룰 수 있을 것입니다.

제3절. ESG 리더십의 개념과 중요성

제1항. ESG 리더십(ESG Leadership)의 개념

ESG 리더십은 기업이 환경, 사회, 지배구조 측면에서 지속 가능한 관행과 책임을 적극적으로 수행하는 것을 의미합니다. 각각의 구성 요소를 자세히 살펴보겠습니다.

가. 환경(Environmental)

기업이 자연환경을 보호하고 지속 가능한 경영을 추구하는 것을 의미합니다. 이는 기업이 환경에 대한 책임을 맡는 부분으로, 탄소 배출 감소, 재활용, 에너지 효율성 향상과 같은 환경적 목표를 달성하기 위한 노력을 포함합니다. 기업이 자신의 환경 영향을 최소화하고 지속 가능한 자원 관리 방안을 채택하는 것이 중요합니다. 이는 탄소 배출 감소, 에너지 효율성 향상, 자원 관리 등과 관련이 있습니다.

나. 사회(Social)

사회 측면에서의 책임은 기업이 다양한 이해관계자를 위해 적절한 사회적 책임을 수행하는 것을 의미합니다. 이는 직원의 권리와 안전, 다양성과 포용성 정책, 지역 사회에 대한 공헌과 기부, 고객에 대한 투명성 등을 포함합니다. 이는 노동자 권리, 다양성과 포용성 증진, 사회적 불평등 감소 등과 관련이 있습니다.

다. 지배구조(Governance)

지배구조 측면에서의 책임은 기업 내부의 투명성과 윤리적 관행을 강화하는 것을 의미합니다. 이는 이사회의 독립성, 보상 정책의 투명성, 금융 보고의 정확성 등을 다룹니다. 이는 기업의 경영진과 이사회의 역할, 보고 및 감사 체계 등을 포함합니다.

제2항. ESG 리더십의 중요성

첫째, 지속 가능한 성장입니다. 기업이 ESG 책임을 충실히 수행하면 장기적으로 지속 가능한 성장을 달성할 수 있습니다. 환경적, 사회적 문제에 대한 관심이 높아지면서 소비자, 투자자, 파트너사 등 다양한 이해관계자들은 ESG 측면에서 우수한 기업을 선호하고 지원합니다.

둘째, 금융 시장에서의 가치입니다. ESG 요소는 금융 시장에서 더 중요해지고 있으며, 투자자들은 ESG 리더십을 고려하여 투자를 결정합니다. ESG 성과가 금융 성과에 영향을 미치고, ESG 리더십을 갖춘 기업은 자본 조달 및 저렴한 자금 조달 기회를 누리게 됩니다. 투자자들은 지속 가능한 기업을 선호하며, ESG 요소를 고려하여 투자 결정을 내립니다. ESG 리더십을 실천하는 기업은 장기적인 가치를 창출하고 투자자들에게 더 큰 신뢰를 얻을 수 있습니다. ESG 기준을 충족하는 기업은 투자 유치와 신용도 향상에 도움이 됩니다.

셋째, 이해관계자와의 관계 강화입니다. ESG 리더십은 고객, 공급 업체, 직원, 정부, 지역사회 등 다양한 이해관계자들과 더 긍정적인 관계를 유지하고 협력할 수 있는 기회를 제공합니다. ESG 리더십은 고객, 직원, 공급 업체, 정부 및 사회 단체와 같은 이해관계자들의 신뢰를 구축하고 유지하는 데 도움이 됩니다. 이는 기업의 평판과 장기적인 성공에 긍정적인 영향을 미칩니다.

넷째, 금융 성과 개선입니다. ESG 리더십을 채택한 기업은 장기적으로 금융 성과를 개선할 수 있습니다. 지속 가능한 경영은 투자자와 고객들 사이에서 더 높은 신뢰와 지지를 얻게 됩니다. 또한 환경친화적인 기술 및 효율적인 자원 사용은 비용 절감을 도모하고 수익을 높일 수 있습니다.

다섯째, 리스크 관리입니다. ESG 리더십은 기업이 잠재적인 환경 및 사회적 리스크를 관리하고 예방하는 데 도움을 줍니다. 환경 재해, 노동 갈등, 규제 문제 등에 대비하는 데 도움이 되며, 금융적 손실을 방지할 수 있습니다. 기업은 환경적, 사회적, 정치적 리스크를 미리 파악하고 대응할 수 있으며, 이는 금융위기나 상황 변화 시에 특히 중요합니다.

여섯째, 고객과 브랜드 평판 향상입니다. ESG 리더십을 갖춘 기업은 고객과의 관계를 강화하고 브랜드 평판을 향상시킵니다. 소비자들은 지속 가능한 제품 및 서비스를 선호하며, 이는 기업의 성공에 직접적인 영향을 미칩니다. 고객과 투자자들은 윤리적으로 행동하고 사회적 책임을 다하는 기업을 선호하며, 이는 브랜드 가치를 증가시킵니다.

일곱째, 법적 및 규제 준수입니다. 많은 국가와 지역에서 ESG 요구 사항을 강화하고 있으며, 이러한 규제를 준수하지 않으면 법적 문제가 발생할 수 있습니다. 따라서 ESG 리더십은 법적 리스크를 감소시키는 데 도움이 됩니다. 이에 따라 ESG 리더십을 갖추는 것은 법률 및 규제 준수를 보장하는 중요한 요소가 됩니다.

ESG 리더십은 현대 기업 경영에서 더 중요해지고 있는 주제로, 환경, 사회, 지배구조에 대한 책임성을 강조하며 지속 가능한 경영을 실현하려는 노력의 일환입니다. 이것은 기업의 금융 성과, 이해관계자들의 신뢰, 법적 준수 및 지속 가능한 미래에 긍정적인 영향을 미치며, 모든 기업이 채택해야 할 중요한 원칙 중 하나입니다. ESG 리더십은 단순히 이익 추구가 아니라 사회적 가치 창출과 지속 가능한 성장을 동시에 추구하는 모델을 나타냅니다. 이러한 노력은 현대 사회와 지속 가능한 미래를 구축하는 데 큰 역할을 할 것입니다.

제4절. ESG 리더십의 핵심 원칙

제1항. ESG 리더십의 핵심 원칙

가. 환경적(Environmental) 책임

환경 측면에서의 ESG 리더십은 기업이 지구 환경을 보호하고 지속 가능한 자원 관리를 촉진하는 데 중점을 두어야 합니다. 아래는 환경에 대한 핵심 원칙입니다.

- (가) 탄소 배출 감소: 기업은 온실 가스 배출을 줄이고, 탄소 중립을 추구해야 합니다. 실천 가능한 계획과 목표를 설정하고 이를 달성하기 위한 노력을 기울여야 합니다.
- (나) 에너지 효율성: 에너지를 효과적으로 관리하고, 재생 에너지 및 친환경 에너지 소스를 활용하여 에너지 소비를 최소화해야 합니다.
- (다) 자원 효율성: 자원 사용을 줄이고 재활용 및 재생 가능한 자원을 활용하여 환경 영향을 최소화해야 합니다.
- (라) 자원 보전: 환경친화적인 제품 및 서비스 개발을 통해 자원 소비를 줄이고 자연 환경을 보호해야 합니다.
- (마) 생태계 보전: 환경 보호와 생태계 보존에 기여하여 자연환경을 보호해야 합니다.

나. 사회적(Social) 책임

사회 측면에서의 ESG 리더십은 다양한 이해관계자들과의 긍정적 상호 작용을 촉진하고, 공정한 사회를 구축하는 데 주력해야 합니다. 사회적 책임은 ESG 리더십의 중요한 부분입니다. 사회 측면에서는 기업의 사회적 책임과 지역사회와의 관계가 중요합니다. 다음과 같은 원칙을 따라야 합니다.

(가) 다양성과 포용성: 다양한 배경과 경험을 가진 인재를 고용하고 그들을 존중해야 합니다. 차별과 편견을 근절하며 조직 내 다양성을 증진해야 합니다.

(나) 이해관계자 관리: 고객의 권익을 존중하고, 이해관계자들과 소통하며 그들의 기대에 부응해야 합니다.

(다) 고객 및 공급망 관리: 제품 및 서비스의 품질과 안전성을 유지하고, 공급망의 사회적 책임을 고려해야 합니다.

(라) 공정한 노동 조건: 기업은 공정한 임금, 안전한 작업환경, 근로자 권리를 보장하여 노동자의 복지를 증진해야 합니다.

(마) 인권 존중: 인권을 존중하고 국제 인권 표준을 준수해야 합니다.

(바) 지역사회 기여: 기업은 지역사회 및 글로벌 커뮤니티에 기여해야 합니다. 사회 프로젝트, 기부, 자원봉사 등을 통해 긍정적인 사회적 영향을 창출해야 합니다.

다. 지배구조(Governance)

지배구조 측면에서의 ESG 리더십은 기업의 투명성과 윤리적 행동을 강조합니다. 강력한 지배구조는 ESG 리더십의 핵심이며, 다음과 같은 원칙을 준수해야 합니다.

(가) 투명성과 투표권: 기업은 투명한 경영 원칙을 준수하고, 주주들에게 적절한 투표권을 부여해야 합니다. 주주들은 기업의 방향성과 의사 결정에 영향을 미칠 수 있어야 합니다.

(나) 윤리적 리더십: 조직 내에서 윤리적인 리더십을 유지하고 부패와 부정행위를 방지해야 합니다.

(다) 리스크 관리: 기업은 재무적 리스크와 관련된 사항을 효과적으로 관리하고, 거래의 투명성을 유지해야 합니다.

(라) 지배 구조 향상: 독립적인 이사회와 경영진 감사를 강화하여 기업의 이해관계자들에게 믿음과 신뢰를 구축해야 합니다.

(마) 독립적인 이사회: 기업은 독립적인 이사회를 유지하여 이해관계자들의 이익을 보호해야 합니다.

(바) 이사회 다양성: 다양한 경험과 전문성을 가진 이사회 구성을 통해 의사 결정의 품질을 향상시켜야 합니다.

(사) 보고와 투명성: 기업은 재무 및 비재무 정보를 투명하게 보고하고 외부 감사를 받아야 합니다.

(아) 주주 가치 제고: 주주의 이익을 고려하고 기업 가치를 제고하기 위한 조치를 취해야 합니다.

제2항. ESG 리더십을 위한 실행 전략

ESG 리더십을 실현하기 위해 다음과 같은 실행 전략을 고려해야 합니다.

가. 비전과 목표의 정의

ESG 리더십의 핵심은 명확한 비전과 목표의 정의에서 출발합니다. 기업은 지속 가능한 비즈니스 모델을 개발하고 환경 및 사회적 문제에 대한 비전을 설정해야 합니다. 이를 통해 조직 전체가 이러한 목표를 공유하고 추진할 수 있습니다.

나. 지속 가능한 비즈니스 전략 수립

ESG 리더십은 지속 가능한 비즈니스 전략을 수립하고 이를 실행하는 것을 의미합니다. 이를 위해 기업은 환경적, 사회적, 지배구조적 측면에서의 리스크와 기회를 식별하고 이에 대한 전략을 개발해야 합니다.

다. ESG 평가와 평가 체계 도입

기업은 ESG 성과를 측정하고 모니터링하기 위한 평가 체계를 도입해야 합니다.

라. 투명한 보고

ESG 리더십은 투명성을 강조합니다. 기업은 자신의 ESG 성과와 관련된 정보를 정기적으로 보고해야 합니다. 이를 통해 이해관계자들은 기업의 ESG 노력을 평가하고 신뢰할 수 있는 정보를 활용할 수 있습니다.

마. 이해관계자와의 협력

ESG 리더십은 이해관계자와의 협력을 장려합니다. 기업은 고객, 공급업체, 직원, 정부, 비영리 단체 등 다양한 이해관계자들과 협력하여 ESG

목표를 달성할 수 있습니다.

바. 지속 가능한 문화 구축

ESG 리더십은 지속 가능한 문화를 조직 내부에 구축하는 것을 강조합니다. 이는 리더와 직원들이 지속 가능성을 일상적으로 고려하고 행동하는 문화를 의미합니다.

사. 혁신과 기술 활용

ESG 리더십은 혁신과 기술을 활용하여 환경과 사회 문제에 대한 해결책을 찾는 것을 장려합니다. 새로운 기술과 아이디어를 도입하여 지속 가능성을 강화할 수 있습니다.

제5절. ESG 리더십과 조직 문화

제1항. ESG 리더십과 조직 문화의 연관성

가. ESG 리더십의 역할

리더들은 ESG를 조직 전반에 통합하고 이를 실천하기 위한 전략을 개발해야 합니다. 또한, 리더들은 ESG를 통해 기업의 비전과 가치를 더 확고하게 구체화해야 합니다. 리더들은 ESG 원칙을 수용하고 조직 내에서 실천을 격려해야 합니다. 이를 위해 교육 및 교육 프로그램을 개선하고, ESG 목표를 달성하는 데 리더십을 역할 모델로 사용해야 합니다.

나. 조직 문화의 역할

조직 문화는 기업의 가치관과 행동 패턴을 결정하는 핵심적인 요소입니다. ESG 경영은 조직 문화를 통해 실현되며, 조직 내에서 ESG 가치와 목표를 공유하고 실천하는 데 중요한 역할을 합니다. 조직 내에서 ESG 책임을 명확하게 할당하고 책임자를 지정해야 합니다. 이를 통해 ESG 프로젝트를 관리하고 추진할 수 있습니다. 또한 ESG 책임자는 주요 이해관계자와의 커뮤니케이션을 강화하고 보고서 작성을 지원해야 합니다.

다. ESG 리더십과 조직 문화의 상호 작용

ESG 경영은 조직 문화와 긴밀하게 연결되어 있으며, 조직 문화가 ESG 원칙을 수용하고 지원하는 경우에만 성공할 수 있습니다. 조직 내에서 ESG를 중요하게 여기는 문화를 구축하려면 리더십과 직원 참여가 필수적입니다. ESG 실천을 위해 모든 조직 구성원의 참여가 필요합니다. 조직 내에서 ESG 의식을 높이고 지속 가능한 실천을 촉진하기 위한 교육 및 의사소통 캠페인을 개선해야 합니다.

제2항. ESG 리더십 구축을 위한 조직 문화의 역할

ESG 리더십을 구축하기 위해서는 조직 문화가 큰 역할을 합니다. 조직 문화는 조직 내부에서 가치관, 윤리, 사회적 책임감을 형성하고 유지하는 데 영향을 미치며, ESG 리더십을 지원하는 기반을 마련합니다. 조직 문화는 다음과 같은 측면에서 ESG 리더십에 영향을 미칩니다.

가. 가치관과 윤리적 원칙 존중

조직 문화는 기업의 가치관과 윤리적 원칙을 반영하며, 이를 모든 직원에게 전파시키는 역할을 합니다. ESG 리더십은 이러한 가치관과 윤리를 중요하게 생각하며 실천하는 것이 중요합니다.

나. ESG 리더십 모델 형성

조직 문화는 리더십 모델을 형성하고 유지하는 데 기여합니다. ESG 리더십을 강조하는 조직은 지속 가능성을 중시하고 이를 실현하는 리더십 모델을 발전시킵니다.

다. 사회적 책임 강화

조직 문화는 사회적 책임을 강조하고, 직원들이 사회에 기여하는 것을 촉진합니다. ESG 리더십은 조직의 사회적 책임을 실제로 실천하고 공유하는 것이 중요합니다.

제3항. ESG 리더십을 통한 조직 문화 개선 방안

ESG 실천은 단순히 정책과 절차의 적용을 초월합니다. 조직 문화가 ESG 가치를 적극적으로 받아들이고 통합하는 것이 중요합니다. 다음은 ESG 리더십을 통한 조직 문화의 개선 방법입니다.

가. 리더십의 역할 강화

ESG 경영을 위한 조직 문화 개선은 리더십의 역할이 큽니다. 리더들은 ESG 가치를 내재화하고 팀에게 전파해야 합니다. 또한, 리더들이 ESG를 실천하고 모범이 되는 것이 중요합니다. 리더들은 ESG 원칙을 실천하고 보호하는 역할을 맡아야 합니다. 리더십에서의 모범적인 행동과 가치를 따르는 것은 조직 내에서 ESG 문화를 활성화하는 데 큰 영향을 미칩니다.

나. 교육과 의식 확산

ESG에 대한 교육과 의식 확산은 조직 내에서 중요한 역할을 합니다. 직원들은 ESG의 중요성과 그 영향을 이해해야 합니다. 정기적인 교육과 정보 공유를 통해 직원들의 ESG 관련 지식을 향상시키는 것이 필요합니다. 직원들은 ESG에 대한 이해도를 높이고, 실제로 적용하는 방법을 배워야 합니다.

다. 성과 평가와 보상 시스템 구축

ESG 경영을 위한 조직 문화 개선은 성과 평가와 보상 시스템에도 반영되어야 합니다. ESG 성과를 보상과 인센티브로 연결하여 직원들의 동기 부여를 높일 수 있습니다. 이를 통해 ESG 원칙을 따르는 행동을 장려하고, 조직 내에서의 ESG 리더십을 촉진할 수 있습니다. 직원들은 ESG 목표를 달성하는 데 기여한 경우 보상을 받아야 합니다. 이를 통해 ESG 경영이 조직 내에서 뿌리를 내리게 할 수 있습니다.

라. 직원 참여 촉진

ESG를 성공적으로 실천하기 위해서는 모든 직원들이 참여하고 이해해야 합니다. 교육과 의사 소통을 통해 직원들은 ESG의 중요성과 기업의 목표를 이해하게 되며, 자발적으로 참여할 동기가 부여됩니다. ESG 실천은 직원들의 참여와 헌신을 촉진할 수 있습니다. 직원들은 조직의 ESG 노력에 참여하고 향상을 위한 아이디어를 제공할 수 있습니다.

마. 이해관계자와의 긍정적 관계 형성

조직 문화의 개선은 이해관계자와의 긍정적 관계를 유지하고 강화합니다. 이는 기업의 평판 및 장기적인 지속 가능성에 긍정적인 영향을 미칩니다.

ESG 리더십은 기업의 지속 가능성과 사회적 책임을 강조하는 중요한 개념입니다. 이를 구현하려면 조직 문화의 개선이 필수적입니다. 리더들은 ESG를 조직 문화의 핵심 가치로 채택하고, 직원들과 협력하여 ESG를 실천하도록 동기 부여해야 합니다. ESG를 중심으로 한 조직 문화는 기업의 지속 가능성과 경쟁력을 향상시키는 데 기여하며, 긍정적인 사회적 영향을 창출합니다. ESG 원칙을 수용하고 실천하기 위해 리더십의 역할과 조직 전체의 참여가 필수적이며, 이를 위한 전략과 도구를 활용해야 합니다. 이러한 노력을 통해 기업은 지속 가능성을 높이고 경쟁력을 강화할 수 있을 것입니다.

제6절. ESG 리더십과 금융 성과

제1항. ESG 리더십과 금융 성과와의 연관성

가. ESG 리더십의 역할

ESG 리더십은 기업이 ESG 기준을 적극적으로 채택하고 관리하는 능력을 나타냅니다. ESG 리더는 환경 문제, 사회 문제, 지배구조 개선을 촉진하며, 이를 통해 기업의 지속 가능성을 향상시키고 금융 성과를 향상시키는 역할을 합니다. ESG 리더십은 기업의 경영 전략에 ESG 요소를 통합하고, 이를 이행하기 위한 구체적인 대책을 채택하는 것을 의미합니다.

나. 금융 시장의 변화

금융 시장은 ESG 기준을 중요하게 생각하며, ESG 기업에 투자를 선호하는 경향이 뚜렷해지고 있습니다. 이로 인해 ESG 리더십을 통해 기업은 자본 유치와 비용 감축의 기회를 얻을 수 있습니다. ESG는 기업의 금융 성과뿐만 아니라 장기적인 지속 가능성과 사회적 가치 창출에도 영향을 미치는 요소입니다. 이러한 이유로 ESG 관련 지표와 기업의 경영 전략 사이의 관련성은 점점 더 중요해지고 있습니다.

다. ESG 리더십과 금융 성과의 상호 작용

(가) 금융 시장에서의 가치 증가: 금융 시장은 ESG 리더십의 중요성을 점점 더 이해하고 있습니다. 투자자들은 이제 수익뿐만 아니라 지

속 가능성과 윤리성을 고려하여 투자 결정을 내립니다. 이로 인해 ESG 리더십을 갖춘 기업들은 투자 유치와 금융 시장에서의 경쟁력을 강화하고 있습니다.

(나) 수익성 증대: ESG 리더십은 기업의 수익성을 향상시킬 수 있습니다. 지속 가능한 비즈니스 모델을 채택하고 환경친화적 제품 및 서비스를 개발함으로써 새로운 수익원을 창출할 수 있습니다.

(다) 리스크 관리: ESG 리더십은 기업들이 환경적, 사회적, 지배구조적 리스크를 효과적으로 관리하는 데 도움이 됩니다. 환경 문제 또는 사회적 문제로 인한 논란은 기업의 평판과 금융 성과에 부정적인 영향을 미칠 수 있습니다. ESG 리더십은 이러한 리스크를 줄이고 기업의 장기적인 안정성을 높입니다.

제2항. ESG 리더십이 금융 성과에 미치는 영향

ESG 리더십은 다양한 방식으로 금융 성과에 긍정적인 영향을 미칩니다. 그중에서도 주요한 영향 요인은 다음과 같습니다.

가. 투자자들의 관심 유도

ESG 리더십을 갖춘 기업들은 투자자들의 관심을 끌기 쉽습니다. 지속 가능한 투자가 늘어나면서 ESG 리더십을 갖춘 기업들은 자본 유치에 대한 이점을 누리고 있습니다. 또한, ESG 기준을 충족하는 기업들은 ESG 투자 펀드와 같은 금융 상품의 대상이 되어 더 많은 자본을 유치할 수 있습니다. 지속 가능성 및 사회적 책임을 준수하는 기업에 대한 투자 수요가 높아지며, 이로써 기업의 주가와 시가총액을 높일 수 있습니다.

나. 금융 성과 개선

연구에 따르면 ESG 리더십을 갖춘 기업들은 재무 성과 면에서도 우수한 성과를 보이는 경향이 있습니다. 환경친화적인 비즈니스 모델은 에너지 비용 절감과 효율성 향상을 통해 비용을 절감하고, 사회 책임과 브랜드 평판은 고객들과의 긍정적인 관계를 형성하고 유지하는 데 도움이 됩니다.

다. 금융 리스크 관리

ESG 경영은 기업이 환경 및 사회적 리스크를 관리하고 줄이는 데 도움을 줍니다. 이로써 미래에 발생할 수 있는 환경적 문제나 사회적 문제로 인한 금융적 손실을 방지할 수 있습니다. ESG 리더십은 기업이 환경 및 사회적 리스크를 미리 예방하고 관리하는 데 도움을 줍니다. 이는 금융 리스크를 감소시키고 금융 성과를 안정화시키는 데 기여합니다.

라. 고객 및 브랜드 가치 제고

ESG를 고려한 기업은 환경과 사회적 문제에 민감한 고객들로부터 긍정적인 평가와 지지를 받을 가능성이 큽니다. 이는 브랜드 가치를 향상시키고 시장에서의 경쟁 우위를 구축하는 데 도움을 줄 수 있습니다.

마. 혁신과 효율성 촉진

ESG 리더십은 새로운 혁신과 효율성을 촉진합니다. 환경친화적인 기술과 프로세스의 도입은 비용 절감과 수익성 향상을 가져올 수 있으며, 이는 금융 성과를 향상시킵니다.

ESG 리더십은 기업의 금융 성과를 개선하는 데 중요한 역할을 합니다. 기업들이 지속 가능성 및 사회적 책임을 적극적으로 수용하고 이행할 때, 투자자들과 소비자들의 신뢰를 얻을 뿐만 아니라 장기적인 금융 성과를 달성할 수 있습니다. 더 나아가, ESG 리더십은 기업의 리스크 관리와 금융 안정성을 향상시키는 데 도움이 되므로, 기업들은 ESG 원칙을 채택하여 미래를 준비하는 것이 중요합니다.

이를 통해 기업은 금융적인 성과를 향상시키고 동시에 사회적 책임을 다하며 지속 가능한 미래를 구축할 수 있습니다.

제7절. ESG 리더십과 ESG 투자

제1항. ESG 투자의 개념

가. ESG 투자의 의미

ESG 투자는 기업의 환경, 사회, 지배구조 측면에서의 성과를 평가하고 이를 투자 결정에 반영하는 방식입니다. 환경은 기후 변화, 에너지 효율성, 자원 관리와 관련되며, 사회는 노동 관계, 다양성과 포용, 고객 관계, 지역사회에 대한 기업의 영향을 다룹니다. 지배구조는 기업 내부의 조직문화, 이사회 구성, 이해관계자와의 상호 작용 등을 포함합니다.

나. ESG 투자의 개념

ESG 투자는 투자자들이 기업의 ESG 실천을 고려하여 투자 결정을 내리는 것을 의미합니다. 이는 기업의 ESG 성과가 투자의 수익과 리스크에 어떤 영향을 미칠지 고려하는 접근 방식을 반영합니다. ESG 투자는 환경, 사회, 지배구조 등 세 가지 핵심 요소를 고려하여 투자를 결정하는 접근 방식입니다.

(가) 환경(Environmental): 환경적 요소는 기후 변화, 에너지 효율성, 자원 관리 등을 다루며, 기업이 환경에 대한 책임을 어떻게 다루는지를 평가합니다. 기업의 탄소 배출을 줄이고 친환경 제품과 서비스를 개발하는 것이 이 부분에서 중요한 역할을 합니다.

(나) 사회(Social): 사회적 요소는 다양성과 포용성, 사회적 책임, 고객

만족도 등을 고려합니다. 기업은 사회적 가치와 윤리적 책임을 강조하며, 사회적 이슈에 대한 대응력을 높이는 데 주력합니다.

(다) 지배구조(Governance): 지배구조는 기업의 경영 체계, 투명성, 윤리적 표준, 이사회의 역할 등을 검토합니다. 투자자와 이해관계자들은 기업의 경영 체계가 투명하고 공정하며 효율적인지를 고려하여 투자 결정을 내립니다.

제2항. ESG 투자의 중요성

ESG 투자는 단순히 윤리적인 측면만을 고려하는 것이 아니라, 금융적인 이익과도 밀접한 연관이 있습니다. ESG 요소를 고려한 기업은 장기적으로 더 안정적이고 지속 가능한 성장을 이루어 내는 경향이 있습니다. 또한, ESG 투자는 리스크 관리와 기회 창출에도 도움이 됩니다. ESG 투자는 다음과 같은 이점을 제공합니다.

첫째, 금융적 가치입니다. ESG 투자는 기업의 재무 성과와 금융적 가치에 영향을 미칩니다. 지속 가능한 기업들은 장기적으로 안정적인 수익을 창출하고, 금융 리스크를 줄이는 데 도움이 됩니다.

둘째, 금융 리스크 관리입니다. ESG 투자는 환경 문제와 사회적 문제로 인한 금융 리스크를 관리하는 데 도움이 됩니다. 기업이 환경 파괴나 사회적 논란에 휘말리면 주가 하락과 같은 금융적 손실을 초래할 수 있습니다. ESG 투자는 이러한 리스크를 사전에 식별하고 피하는 데 도움이 됩니다.

셋째, 기업 평가 개선입니다. ESG 투자에 참여하는 기업들은 지속 가능한 경영을 채택하고 ESG 지표를 개선하기 위해 노력합니다. 이로써 기업의 사회적 책임과 지속 가능성이 높아지며, 장기적으로 경쟁력을 확보할 수 있습니다.

넷째, 투자자들의 가치관 반영입니다. 많은 투자자들이 이제는 자신들의 가치관을 반영한 투자를 선호합니다. ESG 투자는 환경 보호, 사회적 공헌, 공정한 경영을 중요시하는 투자자들에게 매력적인 옵션입니다.

다섯째, 투자자 요구 사항입니다. 투자자들은 ESG 관련 정보를 요구하며, 이를 고려하지 않는 기업은 투자 유치에서 뒤처질 수 있습니다. ESG 투자는 투자자들의 요구를 충족시키고, 자본 시장에서의 경쟁 우위를 가져다줄 수 있습니다.

여섯째, 사회적 책임입니다. ESG 투자는 투자자들에게 사회적 책임감을 나타내는 방법으로 작용합니다. 돈을 투자하면서 동시에 지속 가능한 경제와 사회를 지원하고 싶어하는 투자자들에게 인기가 높습니다.

제3항. ESG 리더십과 ESG 투자의 상호 작용

ESG 리더십과 ESG 투자는 혁신을 격려하고 지원합니다. 혁신은 새로운 아이디어와 접근 방식을 통해 비즈니스 모델을 개선하고 발전시키는 과정입니다. 이를 통해 ESG 리더십, 그리고 ESG 투자와 혁신은 상호 보완적인 개념으로 작용합니다.

가. 제품과 서비스 혁신

ESG 투자는 기업에게 환경적, 사회적 요구를 충족하는 혁신적인 제품과 서비스를 개발하도록 자극합니다. 기업은 친환경 제품의 개발, 탄소 중립을 향한 노력, 사회적 책임을 강화하는 방법 등에서 혁신을 추구합니다. ESG를 고려한 기업은 더 지속 가능한 제품과 서비스를 개발하는 데 주력합니다. 이로써 새로운 시장 기회를 발견하고, 기업의 혁신 능력을 향상시킵니다.

나. 프로세스 개선

환경친화적인 생산 방식과 사회적으로 책임 있는 비즈니스 프로세스는 기업의 효율성과 경쟁력을 향상시킵니다. ESG를 통한 프로세스 개선은 비용 절감과 지속 가능한 경쟁력 확보에 기여합니다.

다. 조직 문화의 혁신

ESG 투자는 기업의 내부 문화를 혁신하는 데도 영향을 미칩니다. 다양성과 포용성을 존중하고 윤리적 가치를 고수하는 기업 문화는 더욱 혁신적이며 창의적인 팀을 유치하고 유지하는 데 도움이 됩니다.

라. 금융 시장의 혁신

ESG 투자는 금융 시장에서도 혁신을 이끌어 냅니다. ESG 평가 및 투자 도구, 지속 가능한 금융 상품의 개발, ESG 지표와 표준의 발전 등이 이루어지고 있습니다.

마. 기술 혁신

기술 혁신은 환경친화적인 제품 및 서비스의 개발을 촉진하며, 에너지 효율성을 향상시키고 탄소 배출을 줄이는 데 기여합니다. 또한, 기술은 ESG 데이터 수집과 분석에도 큰 도움을 줍니다.

바. 투자자와 기업 간 협력 촉진

ESG 투자는 투자자와 기업 간의 협력을 촉진합니다. 투자자들은 기업에게 ESG 관련 정보를 요구하고, 기업들은 투자자들과의 소통을 통해 더 나은 ESG 성과를 어떻게 달성할지 논의하고 있습니다.

사. 데이터와 기술의 활용

ESG 평가를 위해 엄청난 양의 데이터가 필요합니다. 이로써 데이터 분석 및 인공 지능 기술의 발전을 촉진시키고, ESG 지표를 효과적으로 분석할 수 있는 도구들이 개발되고 있습니다.

ESG 리더십과 ESG 투자는 지속 가능한 비즈니스 모델을 구축하고, 투자의 수익성을 높이며, 혁신을 촉진하는 데 중요한 역할을 합니다. ESG 리더십과 ESG 투자는 기업의 비즈니스 모델과 금융적 가치에 긍정적인 영향을 미치는 중요한 요소입니다. 이러한 노력은 혁신을 촉진하고, 지속 가능한 미래를 구축하는 데 기여하며, 사회와 환경에 긍정적인 영향을 미치는 데 큰 역할을 합니다. 기업과 투자자들은 ESG 가치를 존중하고 이를 통해 혁신적인 변화를 이끌어 내며 미래를 준비하는 과정에서 새로운 기회를 발견할 것입니다. ESG 투자와 혁신은 지속 가능한 세계를 만들기 위한 필수적인 도구로 자리매김하고 있으며, 이 노력은 우리 모두에게 긍정적인 영향을 미칠 것입니다.

제2장

ESG 경영과 윤리적 리더십

제1절. 윤리적 리더십의 개념과 특징

제1항. 윤리적 리더십(Ethical Leadership)의 개념

윤리적 리더십(Ethical Leadership)은 리더가 윤리적 원칙과 가치를 존중하고 준수하는 방식으로 행동하며, 다른 사람을 이끄는 리더십 스타일을 의미합니다. 이는 리더의 행동, 의사 결정, 소통, 문화 조성 등 모든 측면에서 도덕적이고 투명한 접근을 채택함을 의미합니다. 이러한 리더십은 미덕, 공정함, 도덕성, 정직함, 책임감 등과 관련이 있으며, 이를 통해 조직과 사회적 문제에 대한 올바른 방향으로 인도하고 영감을 주는 역할을 합니다. 윤리적 리더는 자기와 다른 이해관계자들을 존중하며 조직의 목표를 달성하기 위해 윤리적으로 행동합니다.

제2항. 윤리적 리더십의 특징

가. 도덕성

윤리적 리더는 자신의 행동과 의사 결정에서 항상 도덕적 가치와 원칙을 준수합니다. 이는 정직, 정의, 책임감, 선행, 신뢰 등과 같은 도덕적 가치를 존중하고, 그것들을 지지합니다. 윤리적 리더는 도덕적 가치를 존중하고 이를 실천합니다. 윤리적 리더의 행동은 투명하며 예측 가능해야 합니다.

나. 모범적 행동

윤리적 리더는 자신의 모범적 행동으로서 다른 사람들에게 영감을 주며, 조직 내에서 도덕적 리더로 인정받습니다. 모범적인 행동은 조직 내에서 윤리적 문화를 구축하는 데 도움을 줍니다.

다. 도덕적 판단력

윤리적 리더는 도덕적으로 복잡한 상황에서도 적절한 도덕적 판단을 내릴 수 있는 능력을 갖추고 있습니다. 윤리적 리더는 복잡한 상황에서도 도덕적으로 올바른 결정을 내릴 수 있는 판단력을 갖춰야 합니다. 이를 통해 윤리적 리스크를 최소화하고 조직의 목표 달성을 도모합니다.

라. 공정성

공정성은 윤리적 리더십의 핵심 특성 중 하나입니다. 리더는 모든 구성원을 공평하게 대우하고, 차별이나 편견을 배제합니다. 공정한 의사 결정을 내리고, 모든 의견을 고려합니다. 리더는 모든 구성원을 평등하게 대우하고, 각자의 역할과 기여를 인정합니다. 이로써 조직 내부의 갈등을 최소화하고 협력과 조화를 촉진합니다.

마. 책임감

윤리적 리더는 자신의 결정과 행동에 대한 책임을 지며, 그 결과에 대해 능동적으로 대처합니다. 실수를 인정하고 개선 방안을 모색합니다. 실패에 대한 책임을 회피하지 않고, 성공에 대한 칭찬을 공유합니다.

바. 투명성

윤리적 리더는 투명성을 유지하며 의사 결정과 과정을 투명하게 전달합니다. 정보를 숨기거나 조작하지 않으며, 구성원들에게 신뢰와 투명성을 제공합니다. 또한, 조직 내외에서의 의사 결정 과정과 결과에 대한 투명성을 제공함으로써 신뢰를 구축합니다.

사. 다양성과 포용성

윤리적 리더는 다양한 백그라운드와 문화를 가진 이해관계자들을 포용하고, 모든 사람에 대한 공평한 대우를 지원합니다. 윤리적 리더는 의사 결정을 내릴 때 공정성과 공평성을 유지하려 노력합니다. 이를 통해 조직 내에서 불공정한 대우나 차별을 방지하고 신뢰를 증진시킵니다.

아. 진실성과 믿음

윤리적 리더는 진실을 중요하게 여기며, 솔직하게 피드백을 제공하고 오류를 고치는 데 적극적으로 기여합니다. 이로써 신뢰와 믿음을 구축합니다.

자. 장기적인 관점

윤리적 리더는 단기적 이익보다 장기적인 지속 가능성과 윤리적 가치를 중시합니다. 그들은 오랜 기간 동안 조직의 성공을 위해 노력하고 투자합니다.

차. 사회적 책임

윤리적 리더는 조직의 이익뿐만 아니라 사회적 이익을 고려합니다. 사회에 대한 책임을 다하고, 지속 가능한 비즈니스 모델을 채택하며, 사회 문제에 대한 해결책을 모색합니다.

윤리적 리더십은 조직과 사회의 번영과 발전을 촉진하는 핵심적인 원칙을 포함하고 있습니다. 도덕적 가치와 원칙을 존중하며 다른 이해관계자들을 이끄는 리더는 조직의 성공과 지속 가능성을 증진시키고 사회적 변화를 주도하는 데 기여합니다. 이러한 리더십 스타일을 강화하고 발전시키는 것은 조직과 사회의 지속적인 번영을 위해 중요한 요소입니다. 도덕적 판단력, 공정성, 책임감, 사회적 책임을 갖춘 리더는 조직의 신뢰를 구축하고 효율성을 향상시키며, 미래에는 더 나은 사회를 구축하는 데 기여할 것입니다. 따라서 윤리적 리더십은 현대 비즈니스와 사회에서 매우 중요한 개념이며, 리더들은 이를 실천하고 지향해야 합니다.

제2절. 윤리적 리더십의 원칙과 중요성

제1항. 윤리적 리더십의 핵심 원칙

첫째, 민주성과 투명성입니다. 의사 결정 과정에서 민주적 원칙을 준수하고, 의사 결정 과정을 투명하게 공개함으로써 구성원들에게 공정성을 보장합니다.

둘째, 인간적 가치 존중입니다. 윤리적 리더십은 인간적 가치를 강조합니다. 이는 조직 내에서 다양성과 포용을 증진하며, 모든 구성원을 존중하고 배려하는 문화를 조성하는 데 도움을 줍니다. 모든 구성원들의 인권을 존중하고, 차별과 폭력을 방지하는 데 주력합니다.

셋째, 윤리적 모범 행동입니다. 다른 구성원들에게 윤리적인 모범이 되도록 행동하며, 윤리적 가치를 존중하고 실천합니다. 윤리적 리더십의 핵심은 리더가 자신이 원하는 팀이나 조직의 구성원에 대한 모범이 되는 것입니다. 리더가 윤리적 행동과 원칙을 준수하면 구성원들도 이를 따르게 됩니다. 그 결과로 조직 내의 윤리적 문화가 형성되어 직원들은 정직하고 책임감 있는 행동을 보이게 됩니다.

넷째, 지속 가능성입니다. 조직의 지속 가능성을 고려하고, 환경적, 사회적, 경제적 측면에서 책임을 다하려 노력합니다.

제2항. 윤리적 리더십의 중요성

첫째, 조직 내 신뢰 구축입니다. 윤리적 리더십은 신뢰를 구축하는 데 필수적입니다. 윤리적 리더는 구성원들 사이에 신뢰를 구축합니다. 신뢰가 높으면 협력과 효율성이 증가하며, 조직의 긍정적인 분위기가 유지됩니다. 지도자가 윤리적으로 투명하고 정직하게 행동할 때, 그들은 다른 사람들로부터 높은 신뢰를 얻게 됩니다. 조직 내에서 신뢰가 높아질수록 팀원들은 더 효과적으로 협력하고 문제를 해결하며, 조직의 목표를 달성하기 위해 노력하게 됩니다.

둘째, 조직의 평판과 이해관계자로부터의 신뢰 구축입니다. 윤리적 리더십은 조직의 평판을 향상시키고 신뢰를 구축하는 데 중요한 역할을 합니다. 고객, 파트너, 공급 업체, 그리고 사회적 이해관계자들은 조직이 윤리적으로 운영되고 있는지를 주목합니다. 윤리적으로 행동하는 조직은 장기적으로 신뢰를 얻어 내고 지속 가능한 비즈니스 관계를 구축할 수 있습니다.

셋째, 긍정적인 문화 형성입니다. 윤리적 리더십은 조직 내에서 긍정적인 문화를 형성하는 데 도움이 됩니다. 윤리적인 행동을 격려하고 보상하는 조직은 도덕적으로 열려 있는 환경을 조성하며, 이는 직원들이 창의적이고 혁신적인 아이디어를 나누는 데 도움을 줍니다. 윤리적 리더는 조직 내 도덕적인 문화를 조성하고 이를 유지함으로써 직원들의 업무 만족도와 조직의 성과를 향상시킬 수 있습니다.

넷째, 인재 확보와 유지입니다. 윤리적 리더십은 인재를 확보하고 유지하는 데도 중요한 역할을 합니다. 윤리적으로 운영되는 조직은 훌륭한 인재를 끌어들이기 쉽습니다. 또한 윤리적인 문화를 갖춘 조직에서 일하는 것은 직원들에게 자부심과 만족감을 제공하며, 이로써 이직률을 낮추고 인재를 장기적으로 유지할 수 있습니다.

다섯째, 윤리적 리스크 관리입니다. 윤리적 리더십은 법적 및 규제적 리스크를 줄이는 데 도움이 됩니다. 불법 활동이나 윤리적 위반은 조직에 미치는 부정적인 영향뿐만 아니라 법적 제재를 받을 수도 있습니다. 따라서 윤리적 리더십은 조직이 합법적으로 운영되고 법을 준수하는 것을 보장하며, 이로써 금전적 손실과 평판 손상을 방지할 수 있습니다.

여섯째, 사회적 책임 강화입니다. 윤리적 리더십은 사회적 책임을 강조합니다. 조직은 순수한 이윤만 추구하는 것이 아니라, 사회적으로 책임 있는 시민으로서의 역할을 수행해야 합니다. 윤리적 리더십은 조직이 사회에 긍정적인 영향을 미치도록 하고 지속 가능한 사회적 변화를 촉진합니다.

제3절. 윤리적 리더십과 ESG 경영

제1항. 윤리적 리더십과 ESG 경영의 연관성

가. ESG 경영의 개념

ESG 경영은 기업이 환경, 사회, 지배구조 측면에서 책임감 있게 운영되는 것을 의미합니다. 이는 기업의 장기적인 지속 가능성과 이익 창출에 긍정적인 영향을 미칩니다. ESG 경영은 주주, 고객, 사회, 환경 등 다양한 이해관계자들에게 이익을 제공하며, 윤리적 리더십은 이러한 경영 방식을 뒷받침합니다.

나. 윤리적 리더십과 ESG 경영 성과의 연관성

윤리적 리더십은 ESG 경영 성과와 밀접한 관련이 있습니다. 윤리적 리더는 기업의 ESG 가치를 실제로 실행에 옮기고, 조직 구성원들에게 이를 견지해 주는 역할을 합니다. 그 결과, 다음과 같은 방식으로 ESG 경영 성과에 긍정적인 영향을 미칠 수 있습니다.

(가) 환경: 윤리적 리더십은 환경 보호와 친환경적인 사업 실천을 장려합니다. 리더는 친환경 제품 개발, 에너지 효율성 향상, 탄소 배출 감소와 같은 노력을 주도할 수 있습니다.

(나) 사회: 윤리적 리더십은 다양성과 인권을 존중하고 사회적 책임을 다하는 것을 강조합니다. 조직 내부에서 다양성을 증진하고, 지역 사회와의 협력을 강화하는 등의 활동을 통해 사회적 영향을 창출

할 수 있습니다.

(다) 지배구조: 윤리적 리더십은 조직 내부 지배구조를 강화하고 투명성을 높입니다. 이는 기업의 효율성을 향상시키고, 부정한 경영 행태를 방지하는 데 도움을 줍니다.

제2항. 윤리적 리더십이 ESG 경영에 미치는 영향

가장 성공적인 ESG 경영은 리더십에서부터 시작합니다. 윤리적 리더십은 다음과 같은 방식으로 ESG 경영에 긍정적인 영향을 미칩니다.

가. 가치관과 원칙의 수립

윤리적 리더십은 조직 내부에서 환경, 사회적 책임, 투명성 등의 가치와 원칙을 수립하고 이를 실천합니다. 이러한 가치와 원칙은 ESG 경영의 기반이 됩니다.

나. 투명성과 신뢰 구축

윤리적 리더십은 조직의 ESG 활동을 투명하게 보고하고, 이를 이해관계자들에게 전달합니다. 이는 신뢰를 구축하고 투자자, 고객, 사회와의 관계를 강화합니다.

다. 이해관계자와의 관계 강화

윤리적 리더십은 다양한 이해관계자들과 적극적으로 소통하고 협력합니다. 이는 조직의 ESG 경영을 개선하고 외부 요구와 기대에 부응하는 데 도움이 됩니다. 윤리적 리더십은 이해관계자들과의 신뢰를 구축하고 유지합니다. 이를 통해 기업은 자본 조달과 협력 기회를 확장하고, 브랜드 이미지를 향상시킵니다.

라. 리스크 관리

윤리적 리더십은 기업의 법적 및 평판적 리스크를 감소시키는 데 도움을 줍니다. 리더들의 윤리적 행동은 민사상, 형사상 소송과 같은 리스크를 줄여 줍니다.

제3항. 윤리적 리더십과 ESG 경영의 상호 작용

가. ESG 원칙 준수

윤리적 리더십은 ESG 원칙 준수를 강화합니다. 윤리적 리더십을 갖춘 리더는 조직 내에서 ESG 원칙을 준수하도록 격려하고 모범을 보여 줍니다. 이를 통해 조직 구성원들이 ESG 가치를 받아들이고 실천하도록 돕습니다. 윤리적 리더십을 통해 리더는 기업의 ESG 원칙 준수를 강조하고 지속 가능성을 더 효과적으로 추진할 수 있습니다.

나. 윤리적 리더십 강화

ESG 경영은 윤리적 리더십을 강화합니다. ESG 경영은 윤리적 리더십을 유도하고 지속 가능한 리더십 모델을 촉진합니다.

다. 사회적 책임 강화

윤리적 리더십은 조직이 사회적 책임을 다하도록 돕습니다. 리더는 기업의 사회적 영향을 최적화하고 사회적 이해관계자들과 협력하는 문화를 조성합니다.

윤리적 리더십과 ESG 경영은 현대 기업 환경에서 더 중요해지고 있으며, 두 가지 개념 간의 상호 작용은 조직의 지속 가능성과 사회적 책임을 더 효과적으로 추진하는 데 도움이 됩니다. 윤리적 리더십은 ESG 경영의 핵심 요소 중 하나로, 조직의 장기적인 성공과 사회적 책임 이행에 결정적인 역할을 합니다. 윤리적 리더십은 ESG 경영에 긍정적인 영향을 미치며, 기업이 지속 가능한 가치를 창출하고 이해관계자들과의 신뢰를 구축하는 데 핵심적인 역할을 합니다. 기업 리더는 윤리적인 가치와 원칙을 준수하며 ESG 경영을 추진함으로써 조직의 지속 가능성과 사회적 책임을 향상시킬 수 있습니다. 이러한 변화는 기업의 평판 개선, 투자자와 소비자의 신뢰 증대, 그리고 지속적인 경제적 성과 향상을 통해 장기적인 성공을 이룰 수 있도록 도와줄 것입니다.

제4절. 윤리적 리더십과 조직 문화

제1항. 윤리적 리더십과 조직 문화의 연관성

가. 윤리적 가치 실천

윤리적 리더는 자신의 행동과 의사 결정을 통해 윤리적 가치를 실천합니다. 이러한 행동은 조직 내에서 다른 구성원들에게 영감을 주고, 조직 문화에 윤리적 가치를 뿌리내릴 수 있습니다. 예를 들어, 리더가 공정하고 정직하게 행동하면 조직 구성원들도 이와 같은 가치를 존중하고 따르게 됩니다.

나. 윤리적 의사 결정

윤리적 리더십은 조직의 의사 결정에도 영향을 미칩니다. 리더가 도덕적인 원칙을 중시하고 조직의 장기적인 이익과 사회적 책임을 고려한 의사 결정을 내린다면, 조직 문화는 더욱 윤리적으로 발전할 것입니다. 이는 조직의 지속 가능성과 평판에도 긍정적인 영향을 미칩니다.

다. 이해관계자와의 신뢰 구축

윤리적 리더십은 조직 내부와 외부에서 신뢰를 구축하는 데 도움이 됩니다. 이는 파트너, 고객, 공급 업체 및 다른 이해관계자와의 긍정적인 관계를 형성하는 데 이바지합니다.

라. 효율성 향상

윤리적 리더십은 조직 내부의 협력과 효율성을 향상시키는 데 도움을 줍니다. 윤리적인 문화는 직원들 간의 갈등을 줄이고 협력을 촉진합니다.

마. 긍정적인 이미지 구축

윤리적으로 운영되는 조직은 고객과 공공의 이해관계자들에게 긍정적인 이미지를 구축하며, 시장에서의 경쟁력을 향상시킵니다.

제2항. 윤리적 리더십을 통한 조직 문화 개선 방법

윤리적 리더십을 조직 문화에 적용하려면 다음과 같은 단계를 고려해야 합니다.

가. 핵심 가치 강조

리더는 조직의 핵심 가치를 강조하고 모든 직원이 이를 이해하고 공유하도록 도웁니다.

나. 교육과 훈련

리더와 구성원들에게 윤리적 가치와 행동에 대한 교육과 훈련을 제공합니다. 윤리적 리더십 스킬을 향상시키기 위한 기회를 제공하여 모든 구성원이 윤리적 리더가 될 수 있도록 도와줍니다.

다. 피드백과 개선

리더와 구성원들은 윤리적 행동을 평가하고 개선할 수 있는 피드백 메커니즘을 구축해야 합니다. 이를 통해 조직은 지속적으로 발전하고 성장할 수 있습니다. 리더와 직원들 간의 열린 의사소통을 촉진하고 윤리적 문제를 신속하게 해결합니다.

라. 문화 정착

윤리적 리더십은 단기적인 목표가 아니라 장기적인 문화로 정착되어야 합니다. 조직 내에서 윤리적 행동이 일상적으로 표현되고 보장되도록 유지해야 합니다.

제3항. 사례 연구

사례 1. Patagonia

실제 사례로 Patagonia라는 기업을 살펴보겠습니다. 이 회사의 CEO인 로즈 마크가 윤리적 리더십을 실천하여 환경 보호와 지속 가능한 생산을 강조했습니다. 그 결과, Patagonia는 환경친화적 제품을 제공하고 사회적 책임을 다하는 기업으로 인정받았으며, 조직 문화는 환경 보호와 윤리적 가치를 중시하는 문화로 변화했습니다.

사례 2. Johnson & Johnson

Johnson & Johnson은 제품 안전과 고객 신뢰를 중요하게 여기는 기업으로, 윤리적 리더십이 조직 문화에 큰 영향을 미쳤습니다. 회사의 창립자인 로버트 우든 존슨은 항상 고객의 안전을 최우선으로 두고 제품을 개발하며, 이러한 리더십이 조직 내에서 윤리적 가치를 강조하는 문화를 형성했습니다.

윤리적 리더십은 조직 문화를 개선하고 지속 가능한 성과를 창출하는 데 필수적인 요소입니다. 윤리적 가치를 실천하고 윤리적 의사 결정을 내림으로써 리더는 조직 구성원들에게 영감을 주고, 조직 내에서 도덕적인 문화를 유지할 수 있습니다. 리더들이 도덕적 가치관을 실천하고 조직 구성원들에게 올바른 예를 제공함으로써, 조직은 윤리적이고 긍정적인 문화를 구축할 수 있습니다. 이러한 문화는 조직의 성과, 신뢰, 효율성을 향상시키며, 긍정적인 영향을 미치는 것으로 나타납니다.

이러한 윤리적 리더십은 조직의 지속 가능성과 평판을 향상시키며, 미래에도 성공적으로 발전할 수 있는 기반을 제공합니다.

제5절. 윤리적 리더십과 ESG 투자

제1항. 윤리적 리더십과 ESG 투자의 연관성

가. ESG 투자의 개념

ESG 투자는 기업의 환경, 사회, 지배구조에 대한 평가를 토대로 투자 결정을 내리는 방식입니다. 환경적 지속 가능성, 사회적 책임, 투명하고 효율적인 지배구조는 ESG 평가의 주요 요소로 간주됩니다. ESG 투자는 기업이 지속 가능한 비즈니스 모델을 채택하고 사회적 책임을 다하도록 격려합니다.

나. 윤리적 리더십과 ESG 투자의 연관성

ESG 투자와 윤리적 리더십은 서로 긴밀하게 연결되어 있습니다. 기업의 윤리적 리더십은 ESG 평가의 일부 요소로 고려되며, 이는 투자자들에게 기업의 지속 가능성 및 사회적 책임 이행 여부에 대한 정보를 제공합니다. 따라서 윤리적 리더십이 강화될수록 ESG 평가에서 높은 점수를 받을 가능성이 높아집니다.

제2항. 윤리적 리더십과 ESG 투자의 상호 작용

가. 투자 이해관계자와의 관계 개선

윤리적 리더십은 이해관계자와의 긍정적 관계를 형성하고 유지하는 데 노움이 됩니다. ESG 투자는 종종 이해관계자의 요구와 관심사를 반영하고, 윤리적 리더십은 이를 보다 효과적으로 관리하는 데 도움이 됩니다.

나. 윤리적 리더십이 ESG 평가에 미치는 영향

윤리적 리더십은 조직의 ESG 성과에 직간접적으로 영향을 미칩니다. 윤리적 리더십이 강조되는 조직은 더 높은 환경, 사회, 지배구조 표준을 준수하고 이행하는 경향이 있습니다. 이는 ESG 평가에서 긍정적으로 반영되며, 투자자와 이해관계자들에게 신뢰를 줄 수 있습니다.

다. 윤리적 리더십이 ESG 투자의 성공에 미치는 영향

윤리적 리더십은 ESG 투자의 성공에 중요한 역할을 합니다. 윤리적 리더십을 가진 기업은 ESG 요인을 관리하고 지속 가능한 비즈니스 모델을 구축하는 데 더 효과적입니다. 또한, 윤리적 리더십은 투자자와 이해관계자들에게 기업에 대한 신뢰를 높이고 장기적인 투자를 유치하는 데 도움을 줄 수 있습니다.

제3항. ESG 투자 성과 개선을 위한 윤리적 리더십의 역할

가. 신뢰 회복

윤리적 리더십은 기업 내부 및 외부에서 신뢰를 회복하고 유지하는 데 도움을 줍니다. 고객, 투자자, 규제 기관 등 모든 이해관계자들이 신뢰하는 기업은 금융 성과를 향상시키는 데 이점을 누릴 수 있습니다.

나. 지속 가능성

사회적 책임을 충실히 이행하는 기업은 장기적으로 지속 가능한 금융 성과를 달성할 가능성이 높습니다. 사회 및 환경적 문제에 대한 고려는 잠재적 리스크를 감소시키고 금융 성과를 안정화시킵니다.

다. 경쟁력 확보

윤리적 리더십은 기업의 이미지와 브랜드 가치를 향상시키며, 이는 고객과 투자자의 선호도를 높일 수 있어 경쟁 우위를 창출할 수 있습니다.

윤리적 리더십은 현대 기업의 ESG 투자에 미치는 중요한 영향을 가지며, 이를 통해 조직은 사회적 가치를 창출하고 장기적인 지속 가능성을 확보할 수 있습니다. 이 두 가치가 상호 보완적으로 작용하며, 기업의 지속 가능성과 긍정적인 사회적 영향을 동시에 추구하는 데 도움을 줍니다. 투자자들은 윤리적 리더십을 갖춘 기업에 더 많은 자본을 투자하고, 이는 지속 가능한 경제와 사회를 형성하는 데 기여할 수 있습니다. 더 나아가, 윤리적 리더십은 기업의 평판과 이해관계자와의 관계를 강화하며, 긍정적인 경제적 결과를 실현하는 데 도움이 됩니다.

제6절. ESG 경영과 윤리적 리더십의 발전 방향

제1항. ESG 경영과 윤리적 리더십의 중요성

가. ESG 경영의 중요성

ESG 경영은 환경, 사회, 지배구조의 측면을 포괄하는 개념으로, 기업이 장기적인 가치 창출을 위해 이러한 영역에서 지속 가능한 관리를 추구하는 것입니다. 이러한 경영 방식은 다음과 같은 이점을 제공합니다.

(가) 금융적 가치 창출: ESG 경영은 지속 가능한 비즈니스 모델을 채택함으로써 장기적인 수익을 창출하는 데 도움을 줍니다. 환경적, 사회적 리스크를 관리하고 이를 줄이는 것은 기업의 금융적 안정성을 높이는 데 도움이 됩니다.

(나) 브랜드 가치 강화: 소비자와 투자자는 지속 가능한 기업에 대한 호감을 가지며, 이는 기업의 브랜드 가치를 향상시킵니다. 윤리적으로 행동하고 사회적 책임을 다하는 기업은 소비자와 투자자에게 신뢰를 얻을 수 있습니다.

(다) 혁신과 경쟁력 강화: ESG 경영은 새로운 비즈니스 모델과 기술의 개발을 촉진하며, 이를 통해 기업의 경쟁력을 높입니다. 지속 가능한 제품과 서비스의 개발은 새로운 시장 기회를 창출할 수 있습니다.

나. 윤리적 리더십의 필요성

윤리적 리더십은 기업의 지속 가능성과 사회적 책임을 챙기는 데 핵심적입니다. 윤리적인 리더는 다음과 같은 가치를 실현합니다.

(가) 도덕적 가치 증진: 윤리적 리더십은 기업 문화를 개선하고 도덕적 가치를 증진시킵니다. 이는 직원들의 도덕적 책임을 높이고 윤리적으로 행동하도록 격려합니다.

(나) 리스크 관리: 윤리적 리더십은 부정행위와 법적 문제를 예방하고 리스크를 줄이는 데 도움을 줍니다. 불법 활동이나 부정한 행위는 기업의 평판과 금융적 안정성에 손상을 입힐 수 있습니다.

(다) 사회적 책임 실현: 윤리적 리더는 사회적 책임을 챙기고 지역사회와의 긍정적 관계를 유지합니다. 이는 기업의 사회적 입지를 향상시키는 데 도움이 됩니다.

제2항. ESG 경영과 윤리적 리더십의 발전 방향

가. ESG 경영의 중요성 강조

ESG 경영은 기업의 환경, 사회, 지배구조 측면에서의 성과를 측정하고 개선하기 위한 중요한 도구로 인식되고 있습니다. 이러한 지표는 기업의 지속 가능성을 판단하고 투자자, 소비자, 정부 등 다양한 이해관계자들에게 중요한 정보를 제공합니다. 앞으로 ESG 경영은 기업들에게 더 큰 경쟁 우위를 가져다줄 것으로 예측됩니다.

나. 윤리적 리더십의 필요성 강조

윤리적 리더십은 기업 리더들이 윤리적 원칙과 가치를 고수하고 조직 내에서 이를 실천하는 것을 의미합니다. 이것은 기업의 모든 층에서의 윤리적 행동과 문화를 촉진하며, 기업의 평판과 신뢰도를 향상시키는 중요한 역할을 합니다. 윤리적 리더십은 경영진부터 직원들까지 모두에게 요구되며, 이는 기업의 장기적 성공을 보장하기 위한 필수적인 조건 중 하나입니다.

다. ESG 지표의 다양성과 투명성 강화

ESG 지표는 계속해서 다양해지고 정확성과 신뢰성을 높이기 위한 노력이 이어지고 있습니다. 이러한 지표들은 국제 표준에 부합하도록 조정되며, 기업들은 보고서를 통해 이러한 정보를 투명하게 공개하고 있습니다. 더 나아가, AI와 빅데이터 분석을 활용하여 ESG 성과를 더 효과적으로 평가하고 모니터링하는 기술의 개발도 진행 중입니다.

라. 윤리적 리더십의 개발과 교육 강화

윤리적 리더십은 리더들이 개발하고 향상시켜야 하는 스킬 중 하나입니다. 기업들은 윤리적 리더십을 강화하기 위한 교육과 개발 프로그램을 제공하고, 리더십의 윤리적 측면을 강조하는 문화를 조성하고 있습니다. 또한, 기업 내외에서 리더십에 대한 좋은 모범 사례를 공유하고 널리 홍보함으로써 다른 기업들에게 영감을 주고 있습니다.

마. 혁신과 기술 활용

ESG 경영과 윤리적 리더십을 더욱 발전시키기 위해 기술 혁신을 활용하는 추세가 높아지고 있습니다. 기술은 환경적 영향을 줄이고 사회적 문제를 해결하는 데 도움이 되는 도구로 활용될 수 있습니다. 블록체인 기술을 통해 공급망 투명성을 높이거나 인공 지능을 활용하여 사회적 영향을 예측하는 등의 방법이 개발되고 있습니다.

바. 데이터 기반 의사 결정

ESG 경영과 윤리적 리더십은 데이터 기반 의사 결정을 통해 발전할 것입니다. 기업들은 ESG 지표를 모니터링하고 분석하여 비즈니스 전략을 개선하고 의사 결정에 활용해야 합니다.

사. 통합된 전략 수립

ESG 경영과 윤리적 리더십은 기업의 핵심 전략에 통합되어야 합니다. 이를 위해 기업은 ESG 지표를 모니터링하고 관리하기 위한 프로세스와 도구를 도입해야 합니다.

아. 다양성과 포용성 강화

ESG 경영과 윤리적 리더십은 다양성과 포용성을 강화해야 합니다. 다양한 관점과 배경을 존중하고 다양한 인재를 유치하여 조직의 창의성과 혁신을 촉진해야 합니다.

자. 이해관계자 참여 강화

이해관계자들과의 대화와 협력을 강화하여 기업의 사회적 책임을 실현하고 ESG 목표를 달성합니다.

ESG 경영과 윤리적 리더십은 현대 기업 및 리더들에게 필수적인 요소입니다. 이러한 움직임은 지속 가능한 비즈니스 모델의 핵심이며, 사회적 책임을 다하고 윤리적 가치를 실천하는 조직을 성공적으로 구축하는 데 도움을 줍니다. 데이터 기반 의사 결정, 교육과 인식 제고, 다양성과 포용성 강화를 통해 ESG 경영과 윤리적 리더십을 더욱 발전시킬 수 있을 것입니다. 기업들은 ESG 경영의 중요성을 강조하고 윤리적 리더십을 강화하며, 기술 혁신과 투명성을 통해 지속적으로 발전하는 방향으로 나아가야 합니다. 이러한 노력은 미래의 비즈니스 환경에서 기업들이 더 큰 성공을 거두도록 도와줄 것입니다.

제3장

ESG 경영과 책임 있는 리더십

제1절. 책임 있는 리더십의 개념과 특징

제1항. 책임 있는 리더십(Responsible Leadership)의 개념

책임 있는 리더십은 리더가 자신의 행동과 의사 결정에 대한 책임을 갖고, 그것이 조직과 구성원에게 미치는 영향을 고려하는 리더십 스타일을 의미합니다. 책임 있는 리더십은 여러 가지 요소와 가치관을 포함하는 개념입니다. 이를 이해하기 위해서는 다음과 같은 핵심 개념을 고려해야 합니다.

첫째, 팀과 개인의 이해입니다. 책임 있는 리더는 팀원들의 개별적인 강점과 약점을 이해하고, 그에 맞게 역할과 책임을 분배합니다. 또한, 팀원들의 목표와 욕구를 고려하여 팀을 지원하고 돕는 역할을 수행합니다.

둘째, 목표 지향성입니다. 책임 있는 리더십은 목표 지향적입니다. 리더는 조직이나 팀의 비전과 목표를 명확하게 이해하고, 그를 달성하기 위한 전략을 개발하고 이행합니다.

셋째, 윤리와 도덕성입니다. 책임 있는 리더는 윤리적인 행동과 도덕적인 원칙을 준수합니다. 그들은 자신의 행동이 조직 또는 팀의 목표 달성뿐만 아니라 사회와 환경에도 어떤 영향을 미칠지를 고려합니다.

넷째, 문제 해결 능력입니다. 리더는 문제 발생 시 효과적으로 해결하기 위한 능력을 갖춰야 합니다. 이를 위해 분석, 협력, 창의성, 그리고 의사 결정 능력이 필요합니다.

제2항. 책임 있는 리더십의 특징

가. 목표와 비전 설정

책임 있는 리더는 목표와 비전을 명확하게 설정합니다. 이를 통해 조직과 구성원은 어떤 방향으로 나아가야 하는지 이해하고, 달성하고자 하는 목표를 공유합니다. 비전은 조직의 가치관과 목표를 반영하며, 리더는 이를 구성원들에게 전달하고 공감시킴으로써 팀원들을 동기 부여합니다.

나. 의사 결정과 실행

책임 있는 리더는 의사 결정을 내릴 때 주변 환경과 구성원의 의견을 고려합니다. 무작위로 결정을 내리는 것이 아니라, 조직과 구성원에게 긍정적인 영향을 미칠 수 있는 결정을 내립니다. 또한 이를 실행하기 위해 필요한 조치를 적절하게 계획하고 추진합니다.

다. 피드백과 지속적인 개선

책임 있는 리더는 피드백을 활용하여 조직과 자신의 역할을 개선합니다. 구성원들로부터의 피드백을 수용하고, 필요한 경우 조직의 프로세스나 리더십 스타일을 조정합니다. 개선을 통해 조직은 지속적으로 성장하고 발전할 수 있습니다.

라. 협력과 팀워크 촉진

책임 있는 리더는 팀원들의 참여와 의견을 존중하고 촉진합니다. 이는 조직 내 다양한 관점을 수용하고 혁신을 촉진하는 데 도움이 됩니다. 배려와 이해는 조직 내의 협력과 팀워크를 촉진하며 구성원들의 참여와 창의성을 촉구합니다.

마. 역량 개발과 성장 촉진

책임 있는 리더는 구성원들의 개발과 성장을 촉진합니다. 이는 교육, 피드백 제공, 멘토링 등을 통해 구성원들의 역량 향상을 도와줍니다.

바. 투명성과 소통 강화

책임 있는 리더는 투명성을 유지하고 소통을 강화합니다. 조직 내에서 일어나는 변화나 결정에 대해 구성원들을 충분히 인지시키고 의견을 수렴합니다.

사. 자기 계발

리더는 자기 계발을 지속적으로 추구합니다. 새로운 지식과 기술을 습

득하고, 리더십 스타일을 개선하며, 자기 인식을 향상시킵니다.

아. 도덕적 책임

책임 있는 리더는 도덕적 책임을 중요시합니다. 행동과 의사 결성이 윤리적이며, 조직과 구성원에게 해를 끼치지 않는지를 고려합니다. 도덕적 책임은 조직의 평판과 신뢰를 구축하는 데 중요한 역할을 합니다.

자. 사회적 책임

책임 있는 리더는 조직의 활동이 사회에 미치는 영향을 고려합니다. 이는 환경, 사회적 가치, 지역사회와의 상호 작용 등을 고려하여 조직의 결정을 내리는 것을 의미합니다.

책임 있는 리더십은 조직의 성공과 개인의 성장을 촉진하는 핵심적인 요소입니다. 책임 있는 리더는 목표와 비전을 설정하고, 의사 결정과 실행을 효과적으로 수행하며, 피드백과 개선을 통해 조직을 발전시킵니다. 또한, 열린 의사 소통, 동기 부여와 지원, 자기 계발, 그리고 팀원의 참여 촉진이 책임 있는 리더십을 실현하기 위한 중요한 요소입니다. 책임 있는 리더는 조직과 개인, 그리고 사회적 책임을 함께 고려하여 지속 가능한 성과를 창출합니다.

제2절. 책임 있는 리더십의 원칙과 중요성

제1항. 책임 있는 리더십의 핵심 원칙

가. 비전과 목표의 설정

책임 있는 리더십의 핵심은 비전과 목표의 설정에 있습니다. 리더는 조직 미래에 대한 비전을 제시하고, 그것을 달성하기 위한 명확한 목표를 정의해야 합니다. 비전과 목표는 팀원들에게 방향을 제시하고, 모두가 향해 나아갈 목표를 공유하는 데 도움이 됩니다.

나. 투명성과 소통 강화

책임 있는 리더는 투명성과 소통을 중요하게 생각해야 합니다. 팀원들과의 개방적인 대화를 통해 정보를 공유하고, 의견을 듣고 존중해야 합니다. 투명성은 조직 내부에서 신뢰를 증진하고, 팀원들의 참여를 유도하는 데 도움을 줍니다. 또한 피드백을 통해 성과를 개선하고 문제를 해결하는 방법을 찾아야 합니다. 열린 소통과 피드백은 협력과 개선을 촉진하며 조직의 생산성을 향상시킵니다.

다. 동기 부여와 지원

책임 있는 리더십은 팀원들을 동기 부여하고 지원하는 데 중점을 둡니다. 리더는 각 개인의 강점을 인식하고, 그들을 성장과 발전을 위해 격려하고 지원해야 합니다. 동기 부여는 팀의 업적을 향상시키고, 개인의 능력을 최대한 발휘하도록 도와줍니다.

라. 문제 해결 능력

책임 있는 리더는 문제 해결 능력을 가지고 있어야 합니다. 어려운 상황에서도 냉정하게 판단하고, 효과적인 해결책을 찾는 능력은 리더의 역할에서 핵심적입니다. 문제 해결 능력은 조직의 안정성과 성장에 결정적인 역할을 합니다.

마. 책임감과 인성

책임 있는 리더십은 책임감과 높은 인성을 함께 갖춰야 합니다. 리더는 자신의 결정과 행동에 대한 책임을 지고, 팀원들에게도 책임을 부여해야 합니다. 동시에, 인간적인 접근성과 이해심을 보이는 것은 조직 내부에서 긍정적인 분위기를 조성하는 데 도움을 줍니다.

바. 다양성과 포용성 존중

책임 있는 리더는 다양성을 존중하고 포용해야 합니다. 다양한 배경과 경험을 가진 다양한 직원들을 포용함으로써 조직은 창의성을 높이고 다양한 관점을 수용할 수 있습니다. 다양성은 문제 해결과 의사 결정에 중요한 역할을 합니다.

제2항. 책임 있는 리더십의 중요성

책임 있는 리더는 팀을 효과적으로 이끄는 데 도움을 주며, 팀원들에게 신뢰와 안정성을 제공합니다. 또한, 책임감을 가지고 행동하는 리더는 조직 내부의 긍정적인 문화를 형성하고, 지속적인 성과를 달성하는 데 이바지합니다. 이는 다음과 같은 이유로 중요하다고 할 수 있습니다.

첫째, 방향 제시입니다. 리더는 그룹에게 어떤 방향으로 나아갈지를 제시하고, 비전을 공유함으로써 그룹의 목표 달성을 도와줍니다.

둘째, 동기 부여입니다. 책임 있는 리더는 구성원들을 동기 부여하고 업무에 헌신할 수 있도록 돕습니다. 이는 생산성 향상과 목표 달성에 기여합니다.

셋째, 문제 해결입니다. 리더는 문제가 발생했을 때 조직을 안정시키고 해결 방법을 찾는 데 중요한 역할을 합니다.

넷째, 팀의 협력 강화입니다. 효과적인 리더십은 팀의 협력과 결속을 강화하며, 그룹 구성원들 간의 신뢰와 존중을 증진시킵니다.

제3절. 책임 있는 리더십과 ESG 경영

제1항. ESG 경영과 책임 있는 리더십의 역할

책임 있는 리더십은 기업의 경영진 및 리더들이 지속 가능성과 사회적 가치 창출을 최우선 고려하는 능력을 의미합니다. 책임 있는 리더는 ESG 경영의 핵심 가치를 수용하고 조직 내에서 실천합니다. 책임 있는 리더는 다음과 같은 역할을 수행해야 합니다.

첫째, 비전과 전략 수립입니다. 책임 있는 리더는 기업의 비전과 전략을 개발할 때 ESG 요소를 통합합니다. 이를 통해 기업은 장기적인 지속 가능성을 고려하면서도 경제적인 성과를 달성할 수 있습니다.

둘째, 조직 문화 구축입니다. 책임 있는 리더는 ESG를 실천하는 문화를 조직 내에 구축해야 합니다. 이를 위해 리더는 ESG 가치를 강조하고, 이를 실천하는 행동을 촉진해야 합니다.

셋째, 이해관계자와의 소통 및 투명성 확보입니다. 책임 있는 리더는 기업의 ESG 성과를 외부 이해관계자에게 투명하게 보고하고 소통합니다. 이는 기업의 신뢰와 평판을 향상시키는 데 중요합니다.

넷째, 동기 부여입니다. 책임 있는 리더는 ESG 목표를 설정하고, 이를 달성하기 위한 전략을 개발하며, 직원들에게 이를 실천하도록 동기 부여합니다. 또한, 리더들의 투명하고 윤리적인 행동은 지배구조 측면에서도 중요한 역할을 합니다.

다섯째, 투자 및 리소스 할당입니다. 책임 있는 리더는 ESG 프로젝트와 이니셔티브에 필요한 자원을 할당하고 지원해야 합니다. 이는 ESG 경영의 실현에 필수적인 단계입니다.

제2항. 책임 있는 리더십과 ESG 경영의 상호 작용

책임 있는 리더십과 ESG 경영은 서로 긴밀하게 연관되어 있습니다. 책임 있는 리더십은 ESG 가치를 기업 문화의 일부로 만들고, ESG 경영을 실천함으로써 사회적 가치를 창출하고 이익을 극대화하는 방법을 모색합니다. 이러한 상호 작용은 다음과 같은 이점을 제공합니다.

첫째, 금융 성과 향상입니다. ESG 경영은 기업의 금융 성과를 향상시킵니다. 지속 가능한 기업은 투자자와 소비자에게 더 매력적으로 다가가며 자본 시장에서의 평가도 긍정적으로 영향을 미칩니다.

둘째, 투자 유치입니다. ESG 경영을 채택한 기업은 ESG 투자를 유치하는 데 유리하며, 재무적 이점을 얻을 수 있습니다.

셋째, 기업 이미지 제고입니다. ESG 경영을 통해 기업은 사회적으로 책임 있는 기업으로 인식되며, 이는 고객, 투자자, 파트너사 등과의 관계를 강화시킵니다.

넷째, 리스크 관리와 기회 창출입니다. ESG 경영은 기업의 환경 및 사회적 리스크를 관리하고 새로운 비즈니스 기회를 발견하는 데 도움을 줍니다.

다섯째, 사회적 가치 창출입니다. 책임 있는 리더십과 ESG 경영은 사회적 가치를 창출하며 지속 가능한 발전에 기여합니다. 이는 고객, 직원, 커뮤니티와의 긍정적 관계를 구축하는 데 도움을 줍니다.

제3항. 책임 있는 리더십과 ESG 경영의 구현 방안

ESG 경영을 성공적으로 구현하기 위해서는 다음과 같은 방안을 고려해야 합니다.

가. ESG 경영의 이해와 확고한 의지

책임 있는 리더십의 핵심은 ESG 경영에 대한 이해와 의지를 표현하는 것입니다. 리더는 먼저 ESG의 중요성을 인식하고 조직 내외에서 이를 주장해야 합니다. 이를 통해 조직 구성원들은 ESG 경영의 중요성을 이해하고 목표를 공유할 수 있습니다. 리더십은 ESG를 조직의 핵심 가치와 전략의 일부로 포함시키는 역할을 합니다.

나. 조직 문화의 구축

책임 있는 리더십은 조직 문화의 형성에도 중요한 역할을 합니다. 리더는 ESG 원칙을 조직 문화에 통합시키고, 책임 있는 행동과 의사 결정을 촉진해야 합니다. 조직 내에서 ESG를 존중하고 실천하는 문화가 정착되면, ESG 경영이 지속적으로 강화됩니다.

다. 목표 설정과 성과 측정

ESG 경영의 성공을 위해 명확한 목표와 성과 측정 지표를 설정하는 것이 중요합니다. 리더는 조직의 ESG 목표를 개발하고 이를 구성원들과 공유해야 합니다. 또한, 성과 측정을 통해 목표 달성 여부를 모니터링하고 개선 기회를 식별해야 합니다.

라. 이해관계자와의 소통 강화

ESG 경영은 기업의 이해관계자와의 소통을 강조합니다. 책임 있는 리더십은 이해관계자와의 개방적이고 투명한 대화를 촉진하며, 이해관계자들의 의견과 우려를 고려합니다. 리더는 ESG 보고서 및 업데이트를 통해 조직의 노력을 이해관계자들에게 공유해야 합니다.

마. 교육과 개발

ESG 경영을 구현하기 위해서는 조직 내에서 ESG에 대한 교육과 개발이 필요합니다. 리더는 구성원들에게 ESG의 중요성과 실천 방법을 교육하고, 지속적인 학습과 개발 기회를 제공해야 합니다.

바. 투명한 보고

ESG 경영의 성과를 측정하고 보고하는 것이 중요합니다. 리더는 정기적인 보고를 통해 조직의 ESG 경영 성과를 투명하게 전달해야 합니다. 이를 통해 투자자, 이해관계자 및 사회에 대한 책임을 다하는 것이 가능해집니다.

책임 있는 리더십과 ESG 경영은 현대 비즈니스 환경에서 더 이상 선택 사항이 아닙니다. 기업은 이 두 가지 요소를 통합하여 지속 가능하고 사회적으로 책임 있는 비즈니스를 구축해야 합니다. 책임 있는 리더십은 ESG 가치를 조직의 핵심 가치로 정착시키고, 지속적인 성장과 사회적 가치 창출을 실현하는 핵심 역할을 합니다. 기업 리더들은 ESG 가치를 수용하고 조직 내에서 실천함으로써 금융적 성과, 리스크 관리, 사회적 가치 창출 등 다양한 측면에서 이점을 얻을 수 있습니다. 이를 통해 기업은 미래의 도전에 대비하고 지속 가능한 성장을 이룰 것입니다.

제4절. 책임 있는 리더십과 ESG 투자

제1항. 책임 있는 리더십과 ESG 투자의 개념

가. ESG 투자의 개념과 중요성

ESG 투자는 환경, 사회, 지배구조 요소를 기반으로 기업의 금융적 성과를 평가하는 방식입니다. 이러한 투자 방법은 기업이 지속 가능한 비즈니스 모델을 채택하고 사회적 책임을 다하려는 의지를 반영합니다. ESG 투자자들은 기업의 ESG 성적표를 고려하여 투자 결정을 내리며, 이는 기업의 주가, 자본조달, 그리고 평판에 영향을 미칩니다.

나. 책임 있는 리더십과 ESG 투자의 연관성

가장 뚜렷한 연관성은 책임 있는 리더십이 ESG 성과를 향상시키는 역할을 한다는 점입니다. 리더들이 환경 보호, 사회적 다양성, 윤리적 경영에 대한 힘찬 비전을 제시하면 조직 내에서 ESG 원칙을 따르는 문화를 조성할 수 있습니다. 또한, 책임 있는 리더십은 이해관계자들과의 더 긴밀한 협력을 촉진하고 기업의 ESG 성과를 향상시키는 데 필수적인 지원을 제공할 수 있습니다. 또한, 책임 있는 리더십은 ESG 투자자들과의 관계를 강화하는 데 도움이 됩니다. ESG 투자자들은 리더십이 ESG 문제에 대한 고려와 대응을 심각하게 생각하는 기업을 선호하며, 이는 투자 유치에 긍정적인 영향을 미칩니다.

제2항. 책임 있는 리더십과 ESG 투자의 상호 작용

가. 비전과 방향성의 일치

책임 있는 리너는 기업의 비전과 방향성을 ESG 원칙과 일치시킴으로써, 지속 가능한 성과를 추구합니다. 책임 있는 리더십은 ESG 투자의 핵심 요소 중 하나로, 기업 리더가 ESG 원칙을 실천하고 이를 조직 내부에 정착시키는 역할을 합니다. 이는 ESG 투자자에게 기업의 장기적 가치 창출을 보장합니다.

나. 이해관계자와의 신뢰 구축

책임 있는 리더는 다양한 이해관계자의 요구를 수용하고, 이해관계를 효과적으로 관리함으로써 사회적 신뢰를 구축합니다. 이는 ESG 투자의 중요한 요소 중 하나인 사회적 책임을 강조하는 데 도움을 줍니다.

다. 투명성과 소통 강화

책임 있는 리더는 조직 내부에서 투명성을 강조하며, ESG 정보의 공개와 투자자와의 소통을 촉진합니다. 이는 ESG 투자자들에게 신뢰와 정보의 접근성을 제공합니다.

라. 재무 성과 개선

책임 있는 리더십은 기업의 ESG 성과를 향상시키는 데 기여하며, 이를 통해 재무 성과와 지속 가능한 경쟁력을 향상시킬 수 있습니다. 장기적으로 ESG 투자를 통해 기업의 가치 창출과 지속 가능한 성장이 가능하며,

새로운 비즈니스 기회를 발견할 수 있습니다.

마. 리스크 관리

ESG 투자를 통해 기업은 환경적, 사회적, 지배구조적 리스크를 줄일 수 있으며, 투자자와 이해관계자들로부터 긍정적인 평가를 받을 가능성이 높아집니다.

바. 지속 가능성 제고

기업 리더는 책임 있는 리더십의 원칙을 준수하고, ESG 투자를 통해 지속 가능한 가치 창출과 사회적 영향을 추구하는 것이 비즈니스의 장기적인 성공과 사회적 가치를 동시에 실현하는 길일 것입니다.

책임 있는 리더십과 ESG 투자는 서로 긴밀하게 연결되어 있으며, 둘 다 기업의 지속 가능한 성장과 금융 시장의 발전을 위해 중요한 역할을 합니다. 책임 있는 리더십을 통해 기업은 ESG 원칙을 실현하고 투자자들에게 신뢰와 가치를 제공할 수 있으며, ESG 투자자들은 사회적 가치와 이익을 추구하는 기업을 지원함으로써 지속 가능한 경제와 사회를 형성하는 데 기여할 수 있습니다. 따라서, 책임 있는 리더십과 ESG 투자는 기업 및 투자자에게 상호 이익을 제공하는 중요한 요소입니다.

제5절. ESG 경영과 책임 있는 리더십의 발전 방향

제1항. ESG 경영과 책임 있는 리더십의 강화

가. ESG 경영의 중요성

ESG 경영은 기업의 장기적인 성공과 사회적 책임을 결합하는 핵심 요소로 자리 잡고 있습니다. 환경 문제, 사회적 문제, 지배구조 개선은 기업의 가치를 향상시키고, 이해관계자와의 긍정적인 관계를 구축하는 데 중요합니다. 또한, ESG 평가는 금융 시장에서도 점점 더 중요한 역할을 하고 있으며, 투자자와 기업 간의 신뢰를 증진시키는 데 기여하고 있습니다.

나. 리더십의 변화 필요성

ESG 경영을 성공적으로 실천하기 위해서는 리더십의 접근 방식이 변화해야 합니다. 리더들은 단기적인 이익만을 추구하는 것이 아니라, 장기적인 가치 창출과 지속 가능성을 고려해야 합니다. 이러한 변화는 조직의 문화와 가치관에 반영되어야 하며, 리더들은 이를 실천적으로 이끌어 나가야 합니다.

제2항. ESG 경영과 책임 있는 리더십의 발전 방향

ESG 경영과 책임 있는 리더십의 발전 방향 ESG 경영과 책임 있는 리더십은 계속해서 발전해야 합니다. 다음은 그 발전 방향에 대한 몇 가지 제안입니다.

가. 교육과 인식 확대

리더들과 조직 구성원들의 ESG 경영에 대한 교육과 인식 확대가 필요합니다. 교육은 ESG 경영의 원리와 이점을 이해하고 조직 내에서 실천할 수 있는 능력을 키우는 데 도움이 됩니다.

나. 협력과 파트너십 구축

기업은 다른 조직 및 이해관계자와의 협력과 파트너십을 강화해야 합니다. 이를 통해 지속 가능성과 사회적 가치 창출을 더욱 효과적으로 추진할 수 있습니다. 다른 기업, 비영리 기관, 정부와의 파트너십을 통해 ESG 프로젝트를 공동으로 추진하고 더 큰 영향력을 행사해야 합니다.

다. 성과 평가와 투명성 제고

ESG 성과를 측정하고 보고하는 프로세스를 강화해야 합니다. 이는 투자자와 이해관계자들에게 기업의 성과와 미래 지향적인 비전을 노출시키는 데 도움이 됩니다.

라. 데이터 기반 의사 결정

기업은 ESG 데이터를 수집, 분석하고 이를 의사 결정에 활용해야 합니다. AI와 빅데이터 기술을 활용하여 보다 정확한 ESG 성과 측정을 실현해야 합니다.

마. 인재 육성

ESG에 대한 이해를 높이기 위해 조직 내에서 교육과 훈련을 강화해야 합니다. 또한, ESG 역량을 갖춘 리더를 양성하고 유치해야 합니다.

바. 글로벌 협력 강화

기업은 국제적으로 ESG 표준을 준수하고, 다른 기업 및 정부와 협력하여 글로벌 문제에 대한 해결책을 찾아야 합니다.

사. 장기적 시각 유지

ESG 경영과 책임 있는 리더십은 장기적인 비전과 시각을 필요로 합니다. 단기적 이익에 치중하지 않고 장기적인 지속 가능성을 추구해야 합니다.

ESG 경영과 책임 있는 리더십은 미래의 비즈니스 성공을 위한 필수적인 요소입니다. 기업은 이러한 원칙과 방향을 채택하여 지속 가능한 비즈니스 모델을 구축하고 사회와 환경에 긍정적인 영향을 미치는 리더십을 펼쳐야 합니다. ESG가 단순히 윤리적 책임이 아니라 경제적 가치 창출과 금융 안정성을 높이는 핵심 요소임을 명심해야 합니다. ESG 경영과 책임 있는 리더십을 통해 기업은 더 나은 미래를 구축하고, 동시에 이해관계자들과 사회적 가치를 창출할 수 있을 것입니다.

제4장

ESG와 세계 시민의식

제1절. 세계 시민의식의 개념과 중요성

제1항. 세계 시민의식(Global Citizenship)의 개념

세계 시민의식은 개인이 자신의 국적, 문화, 인종에 관계없이 세계적인 관심과 책임을 가지고 세계적인 시민으로서 행동하려는 의지와 태도를 의미합니다. 이것은 자신의 지역 또는 국가 이익을 넘어서 세계적인 공동체에 기여하려는 의지와 행동을 포함합니다. 세계 시민의식은 다음과 같은 핵심 개념을 포함합니다.

가. 세계 시민의식

세계 시민의식은 지구 전체를 한 가족, 한 공동체로 생각하는 마음가짐을 포함합니다. 세계 시민의식은 세계적인 문제에 대한 인식을 의미합니다. 이것은 기후 변화, 인권, 세계적인 빈곤 등과 같은 글로벌 이슈에 대한 이해를 포함합니다. 세계 시민은 이러한 문제들에 대한 관심을 가지고 행동하려는 의지를 가집니다.

나. 지속 가능에 대한 책임

환경 문제와 지구의 자원에 대한 책임을 인식하고, 지속 가능한 삶의 중요성을 이해하는 것도 세계 시민의식의 일환입니다. 우리는 현재와 미래 세대에게 건강한 환경을 보장해야 하며, 이를 위한 노력이 필요합니다.

다. 세계 시민 행동 참여 및 협력

세계 시민의식은 개인이 지구적인 문제에 대한 참여와 행동을 촉구합니다. 이것은 봉사활동, 기부, 정치 참여, 국제단체에 가입하는 등 다양한 방식으로 나타날 수 있습니다. 사람들은 지역적 또는 국가적인 수준에서 공동체 프로젝트와 봉사활동을 통해 글로벌 문제에 기여하려고 노력합니다.

제2항. 세계 시민의식의 중요성

첫째, 글로벌 이슈에 대한 관심입니다. 세계 시민의식을 갖는 사람들은 국제적인 문제와 도전에 대한 관심을 가지고 있습니다. 환경 문제, 인권, 빈곤, 폭력 등의 문제는 국경을 넘어 우리 모두에게 영향을 미칩니다. 따라서 세계 시민의식을 가진 사람들은 이러한 문제에 대한 이해와 해결책을 찾는 데 기여합니다. 이를 통해 세계적인 문제에 대한 대화와 협력을 촉진하며 글로벌 문제 해결에 기여합니다.

둘째, 지구 환경 보호 및 지속 가능한 생활 추구입니다. 세계 시민의식을 가진 사람들은 지구의 자원을 보호하고 지속 가능한 생활을 추구합니다. 환경 문제는 우리 모두에게 영향을 미치며, 우리의 행동이 지구의 미래에 미치는 영향을 고려해야 합니다. 세계 시민의식을 가진 사람들은 에너지 절약, 재활용 및 환경친화적인 소비 습관을 채택하여 지구 환경을 보호하려고 노력합니다.

셋째, 국제 사회 참여입니다. 세계 시민의식은 국제 사회 참여를 촉진합니다. 세계 시민의식은 국제 협력과 다자간 주의를 지지합니다. 이는 자원봉사, 국제기구와의 협력, 외국어 학습 등을 포함합니다. 국제 사회 참여를 통해 우리는 다른 문화와의 연결을 강화하고, 글로벌 문제에 대한 더 나은 이해를 얻을 수 있습니다. 국가 간 협력을 통해 글로벌 문제에 대처하고 해결책을 찾을 수 있습니다. 국제기구와 조직에 참여하고 지구적 문제에 대한 공동 노력을 지지하는 것이 중요합니다.

넷째, 인간의 권리 존중과 책임입니다. 세계 시민의식은 인간의 권리와 책임에 대한 이해를 높입니다. 모든 사람들은 동등한 권리를 갖고 있으며, 세계 시민은 이러한 권리를 지키고 다른 이들의 권리를 존중하는 역할을 합니다. 또한, 세계 시민은 지구 환경 및 사회 문제에 대한 개인적인 책임을 느끼며, 지속 가능한 미래를 위한 행동을 취합니다.

다섯째, 문화적 이해와 포용입니다. 세계 시민의식을 가진 사람들은 다양한 문화, 언어, 종교, 관습을 이해하고 존중합니다. 이것은 문화 간 갈등을 감소시키고, 다양성을 포용하는 사회를 형성하는 데 도움을 줍니다. 세계 시민의식을 통해 우리는 자신의 문화와 다른 문화 사이의 연결고리를 찾고, 새로운 관점을 받아들이며 세계적으로 연결되는 데 도움이 되는 토대를 마련할 수 있습니다.

제3항. 세계 시민의식의 발전 과정

세계 시민의식은 시대와 환경에 따라 발전하고 변화합니다. 다음은 세계 시민의식의 발전에 영향을 미친 주요 요소입니다.

가. 글로벌 이슈의 확장
세계 시민의식은 글로벌 이슈의 중요성이 커짐에 따라 발전합니다. 기후 변화, 인권 문제, 갈등 해결, 사회적 정의 등의 문제들은 개인과 커뮤니티가 더욱 세계 시민의식을 발전시키도록 자극합니다.

나. 정보 기술의 발전
디지털 기술의 발전은 세계 시민의식을 더욱 촉진시켰습니다. 인터넷과 소셜 미디어의 등장으로 세계 각지에서 일어나는 사건과 문제에 대한 정보에 빠르게 접근할 수 있게 되었습니다. 이로 인해 세계 시민들은 더 많은 문제에 대해 인식하게 되었고, 다양한 의견과 정보를 공유하며 글로벌 이슈에 대한 토론과 대화가 확대되었습니다.

다. 국제 협력의 강화
국제기구와 협력체제의 강화가 세계 시민의식을 높였습니다. 유엔, 세계 보건 기구, 세계 무역 기구 등은 글로벌 문제에 대한 해결책을 모색하고 국제 협력을 촉진하는 데 기여하고 있습니다.

라. 교육과 문화 교류

교육과 문화 교류는 세계 시민의식을 증진시키는 데 중요한 역할을 합니다. 국제 교환 프로그램, 다문화 교육, 다양성 존중 교육 등을 통해 다양한 문화와 관점을 이해하고 인종 간 편견을 줄이는 데 기여합니다. 교육은 다문화 교육, 국제 협력 프로그램, 환경 교육 등을 통해 학생들에게 세계 시민의식을 가르치고 길러 내는 데 중요한 역할을 하고 있습니다.

세계 시민의식은 우리가 이 세계의 일원으로서 책임을 다하는 데 중요한 개념입니다. 이것은 단순히 자신의 국가나 지역 이익을 추구하는 것을 넘어서, 세계적인 공동체에 대한 관심과 책임을 가지는 것을 의미합니다. 이 개념은 우리가 어떻게 생각하고, 어떻게 행동하며, 어떻게 세계적인 문제에 대한 책임을 느끼는지에 대한 변화를 촉구합니다. 정보 기술의 발전, 국제 협력 체제, 교육과 문화 교류는 세계 시민의식의 발전을 촉진하는 데 중요한 역할을 합니다. 우리가 모두 세계 시민으로서의 역할을 다하고, 지구적인 문제에 대한 공동 노력을 기울이면, 더 밝은 미래를 만들 수 있을 것입니다.

제2절. 세계 시민의식과 UN 지속 가능한 개발 목표(SDGs)

제1항. 세계 시민의식과 SDGs의 개념

가. UN 지속 가능한 개발 목표(Sustainable Development Goals, SDGs)

UN SDGs는 17개의 목표와 169개의 하위 목표로 이루어져 있으며, 2015년 유엔 회원국들이 채택한 국제적인 계획입니다. 이 목표들은 2030년까지 국제적으로 지속 가능한 사회와 환경을 구축하기 위한 청사진을 제공합니다. SDGs는 굶주림을 줄이고, 교육을 개선하고, 청정한 에너지에 접근 가능하게 하는 등의 목표를 포함하고 있으며, 이러한 목표는 세계 시민의식과 밀접하게 연관되어 있습니다.

나. 세계 시민의식과 SDGs와의 연관성

세계 시민의식과 SDGs의 연관성 가장 중요한 연결점 중 하나는 SDGs가 지구 전체의 문제를 다루고 있으며, 이를 해결하기 위해서는 모든 국가와 시민의 협력이 필요하다는 점입니다. 세계 시민의식을 키우고, 지구의 다양한 문제에 대한 인식을 높이면, 사람들은 보다 더 책임감 있게 행동하게 됩니다. 이로써 SDGs의 목표를 실현하는 과정이 가속화될 것입니다. SDGs는 지속 가능한 개발을 실현하기 위한 목표와 지침을 제공합니다. 이러한 목표들은 지구상의 모든 국가와 시민들에게 적용됩니다. 따라서 세계 시민의식은 SDGs와 다음과 같이 긴밀하게 관련이 있습니다.

(가) 기후 변화 대응: 세계 시민의식은 환경 문제에 대한 인식을 높이

고, SDGs의 목표 13을 향한 행동을 촉진합니다.

(나) 빈곤 감소와 불평등 감소: 세계 시민의식은 빈곤과 불평등 문제에 민감성을 가지고, SDGs의 목표 1과 10을 실현하기 위한 노력을 지원합니다.

(다) 보건 개선: 세계 시민의식은 보건 문제에 대한 이해와 지원을 촉진하며, SDGs의 목표 3을 달성하기 위한 노력을 지원합니다.

(라) 교육 확대: 세계 시민의식은 교육의 중요성을 강조하고, SDGs의 목표 4를 실현하기 위한 노력을 촉진합니다. 교육은 세계 시민의식과 SDGs를 연결하는 핵심 요소입니다. 교육을 통해 세계의 다양한 문화, 사회, 환경 문제에 대한 이해와 인식을 확장할 수 있습니다.

(마) 협력과 연대: 세계 시민의식은 다양한 국가와 공동체와 협력하여 글로벌 문제에 대처하려는 의지와 연대 의식을 촉진합니다. 이는 SDGs의 목표를 달성하기 위해 필수적입니다.

제2항. 세계 시민의식과 SDGs의 공통 목표

가. 세계 시민의식과 책임감

세계 시민의식은 우리가 다양한 백그라운드와 관점을 가진 사람들과 연결되고, 우리의 선택과 행동이 지구 전체에 미치는 영향을 고려하는 것을 강조합니다. 이는 SDGs와 밀접한 연관이 있습니다. 예를 들어, SDG 13(기후 행동)은 지구 온난화 문제에 대한 대응을 촉진하며, 세계 시민의식은 환경 보호에 대한 개인적 책임을 강조합니다.

나. 지속 가능한 제품 선택과 윤리적 소비

세계 시민의식을 실천하는 한 방법은 윤리적 소비입니다. 소비자로서 우리는 지속 가능한 제품을 선택하고 환경친화적인 생활 방식을 채택함으로써 SDGs를 지원할 수 있습니다. 또한, 소비자로서 우리의 소비 선택이 기업들에게 환경 책임을 물을 수 있습니다.

다. 사회적 불평등 감소

세계 시민의식과 SDGs는 사회적 불평등을 감소시키는 데 공통적인 목표를 가지고 있습니다. SDG 1(빈곤 소멸) 및 SDG 10(불평등 감소)은 경제적으로 취약한 지역과 사회의 권리를 보호하고, 세계 시민의식은 모든 사람들에 대한 공평한 기회를 촉진하고 사회적 통합을 지원합니다.

라. 국제적 파트너십

세계 시민의식과 SDGs는 국제적 파트너십을 통해 상호 보완적으로 나아가야 합니다. 이는 다양한 이해관계자들과의 협력을 강조하며, 국가 간 협력과 다자간 협의를 강조합니다. 예를 들어, SDG 17(파트너십 구축)은 이러한 협력을 촉진하고 있습니다.

마. 세계 시민의식과 SDGs의 협력

SDGs는 정부, 시민, 기업, 비정부 기관 등 다양한 주체들 간의 협력을 강조합니다. 세계 시민의식을 키우는 데는 교육, 미디어, 문화 교류 등이 중요한 역할을 합니다. 또한, 시민들은 SDGs를 직접적으로 실현하기 위해 봉사활동을 하거나 환경 보호, 사회봉사 등을 통해 기여할 수 있습니다.

세계 시민의식과 SDGs는 긍정적인 상호 작용을 통해 지속 가능한 개발을 실현하는 데 기여합니다. 세계 시민의식을 키우고 SDGs를 실천함으로써 우리는 보다 공평하고 지속 가능한 세계를 만들 수 있을 것입니다. 세계 시민의식을 가진 개인과 지역사회, 국가, 국제사회 간의 협력을 통해 우리는 모두가 더 나은 미래를 만들 수 있습니다. SDGs를 실현하는 과정에서 우리는 세계 시민으로서의 역할과 책임을 인식하고, 이를 통해 지구의 지속 가능한 미래를 구축하는 데 일조해야 합니다. 따라서 우리는 모두가 세계 시민이 되어 SDGs의 이루어짐을 돕는 데 기여해야 합니다.

제3절. 세계 시민의식과 ESG

제1항. ESG와 세계 시민의식의 개념

가. ESG 경영의 핵심 원칙

(가) 환경: 기업의 환경적 책임을 강조합니다. 탄소 배출 감소, 재생 가능 에너지 사용, 자원 효율성 향상과 같은 환경적 이슈에 대한 높은 관심을 보이며, 이는 지구 온난화와 같은 글로벌 문제에 대한 대응을 강조합니다.

(나) 사회: 기업은 사회적 책임을 다하고, 이해관계자들의 복지와 안녕을 촉진해야 합니다. 이것은 다양성과 포용성 확보, 노동 조건 개선, 사회 문제 해결에 관심을 기울이는 것을 의미합니다.

(다) 지배구조: 투명하고 효과적인 기업 지배구조가 중요합니다. 기업의 이해관계자들에게 공정성과 윤리성을 보장하며, 금융 부정행위를 방지하는 데 도움을 줍니다.

나. ESG와 세계 시민의식의 연관성

(가) 환경 보호: ESG 지표는 기업이 환경에 대한 책임을 어떻게 다하는지를 반영합니다. 세계 시민의식이 높아짐에 따라 소비자와 투자자는 지속 가능한 제품과 서비스에 더 큰 관심을 가지게 되며, 이는 기업들에게 환경친화적 제품과 실천을 촉진하는 역할을 합니다.

(나) 사회적 책임: 사회적 책임은 기업이 사회적 문제를 해결하고 사회에 긍정적인 영향을 미치는 데 어떻게 기여하는지를 나타냅니다. ESG가 높은 기업은 종종 사회 프로그램, 사회적 투자, 공익 활동을 적극적으로 추진하며, 이는 세계 시민의식을 촉진하고 사회적 문제에 대한 인식을 높입니다.

(다) 투명하고 효율적인 지배구조: ESG는 기업의 지배구조 투명성을 강조하며 부패를 방지하고 투명한 경영을 촉진합니다. 세계 시민들은 기업의 윤리적 가치와 투명성을 중요시하며, ESG를 통해 이러한 정보에 더 쉽게 접근할 수 있습니다.

제2항. ESG와 세계 시민의식의 상호 작용

세계 시민의식은 기업들에 대한 높은 기대와 요구를 반영하며, ESG는 이러한 요구를 충족시키기 위한 도구로 작용합니다. 또한, 세계 시민의식이 성장함에 따라 ESG는 더 중요한 비즈니스 관행으로 자리매김하고 있습니다. ESG와 세계 시민의식은 다양한 방식으로 상호 작용하고 있습니다.

가. 공통된 가치 공유

ESG는 기업과 개인의 가치를 공유합니다. 환경 보호, 사회적 책임, 공정한 경영은 세계 시민의식과도 연관이 있으며, 이는 두 가치 체계가 서로 공감하고 함께 성장할 수 있는 기회를 제공합니다.

나. 환경적 책임 강조

ESG는 기업의 환경적 책임을 강조합니다. 기업이 환경적 책임을 다하고 친환경적으로 운영한다면, 이는 세계 시민들의 환경 의식과 부합하며 환경 보호에 긍정적인 영향을 미칩니다. 이로 인해 기업은 더 많은 환경 주의자와 소비자의 지지를 받게 됩니다.

다. 사회적 책임 강조

ESG는 사회적 책임을 강조하며 노동자 권리, 사회적 다양성, 안전한 노동 환경을 중요시합니다. 이는 세계 시민의식과 일치하며, 기업은 사회적 책임을 다하면서 긍정적인 평판을 구축할 수 있습니다.

라. 투자와 소비의 선택

세계 시민의식을 가진 개인 및 투자자들은 ESG를 고려하여 투자 및 소비 결정을 내립니다. 지속 가능한 제품과 서비스에 투자하거나 구매함으로써 그들은 자신의 시민적 역할을 수행합니다.

마. 기업과 시민의 협력

ESG를 통해 기업은 지속 가능한 비즈니스 모델을 구축하고, 세계 시민의식을 가진 소비자와 협력하여 긍정적인 사회적 영향을 창출합니다.

바. 긍정적 상호 작용

ESG와 세계 시민의식은 긍정적 상호 작용을 형성합니다. 기업은 ESG를 채택하고 지속 가능한 경영 모델을 수용함으로써 세계 시민들과 함께 지속 가능성을 구축하고, 세계 시민들은 기업에 영향을 미치고 글로벌 문제에 대한 인식을 확산시킴으로써 ESG를 촉진합니다.

ESG와 세계 시민의식은 지구상의 모든 사람들과 기업에게 지속 가능성과 글로벌 문제에 대한 책임을 부여하는 중요한 개념입니다. 이 두 가치가 상호 보완적으로 작용하며, 지속 가능한 미래를 구축하는 데 기여합니다. 기업과 개인은 ESG와 세계 시민의식을 통해 지구의 환경, 사회, 경제적 안정을 지원하고, 이를 통해 우리 모두의 미래를 밝게 만들 수 있습니다.

제4절. ESG와 세계 시민의식의 역할

제1항. ESG와 세계 시민의식의 중요성

가. ESG의 중요성

ESG는 환경(Environmental), 사회(Social), 지배구조(Governance)의 세 가지 핵심 요소로 이루어져 있습니다. 이러한 요소들은 기업이 오랜 기간 동안 지속 가능하게 성장하고 사회적 가치를 창출하는 데 필요한 기반을 제공합니다. 환경적인 측면에서는 기후 변화와 환경 파괴로부터 우리의 행동을 보호하고 지구를 지속 가능하게 유지하기 위한 노력이 필요합니다. 사회적 측면에서는 공정성, 다양성, 사회적 정의, 노동권 등의 문제에 대한 관심이 높아지고 있으며, 기업과 개인은 사회적 문제에 대한 책임을 질 필요가 있습니다. 지배구조 측면에서는 기업의 투명성, 윤리적인 경영, 이해관계자와의 적절한 의사소통 등이 중요합니다. ESG는 기업의 장기적인 성공과 성장을 위한 필수 요소로 간주됩니다. 그 이유는 다음과 같습니다.

(가) 투자자와 시장의 요구: ESG 실천은 투자자들과 시장의 요구 사항으로부터 나온 것입니다. 투자자들은 미래에도 수익을 올리고 지속 가능한 기업에 투자하려는 경향이 있으며, 이에 대응하기 위해 기업은 ESG 기준을 충족시켜야 합니다.

(나) 리스크 관리: 환경 문제나 사회적 문제에 무관심한 기업은 리스크에 노출될 가능성이 높습니다. 이러한 리스크는 금융적인 손실을

초래할 수 있으며, ESG 실천은 이러한 리스크를 관리하고 감소시키는 데 도움을 줍니다.

(다) 사회적 가치 창출: ESG 실천은 기업이 사회적 가치를 창출하고 지역사회에 기여할 수 있는 기회를 제공합니다. 이는 기업의 평판 향상과 고객들의 로열티를 증가시킬 수 있습니다.

나. 세계 시민의식의 변화

세계 시민의식은 지구적으로 연결된 문제에 대한 인식과 책임감을 부각시킵니다. ESG는 단순히 비즈니스와 금융 분야에만 적용되는 것이 아니라 모든 사람과 단체에게 중요한 원칙입니다. 우리는 지구 환경과 사회 문제에 대한 공동의 책임을 느끼고 이를 실천함으로써 지속 가능한 미래를 창조할 수 있습니다. 따라서, ESG의 중요성이 부각함에 따라, 세계 시민들의 의식도 다음과 같이 변화하고 있습니다.

(가) 환경 보호 의식: ESG는 환경 보호에 대한 의식을 높이는 데 기여합니다. 기업들이 친환경적으로 운영하고 탄소 배출을 줄이는 노력을 기울일 때, 이에 대한 인식도 높아집니다. 시민들은 자연환경의 중요성을 깨닫고 보호에 기여하려는 노력을 더욱 강화하고 있습니다.

(나) 사회적 책임 의식: ESG는 사회적 책임에 대한 의식을 증대시킵니다. 기업의 사회 활동과 민감성은 시민들에게 사회 문제에 대한 더 나은 이해와 참여를 촉진합니다. 또한, 이러한 노력은 사회 문제의 해결과 불평등 감소에 기여할 수 있습니다.

(다) 지배구조 강화: ESG는 기업의 지배구조를 강화하고 투명성을 증대시킵니다. 이는 기업의 행동과 의사 결정에 대한 시민들의 신뢰를 증가시킵니다. 지배구조의 강화는 기업의 미래 성공과 시민들의 기업에 대한 신뢰를 향상시킵니다.

제2항. ESG와 세계 시민의식의 역할

세계 시민의식은 우리가 속한 지구적 커뮤니티와 환경을 존중하고 보호하기 위한 의식입니다. ESG 실천은 이러한 시민의식의 일환으로 볼 수 있습니다. 우리는 개인적으로도 기업의 ESG 노력을 지원하고 이에 참여함으로써 지구적으로 공헌할 수 있습니다. 세계 시민의식은 다음과 같은 방식으로 ESG 실천을 지원합니다.

가. 환경적 책임 의식 강화

ESG는 기업의 환경 책임을 강조하며, 이로 인해 사람들은 환경 문제에 대한 더 큰 관심을 기울이게 됩니다. 기후 변화, 생태계 보전, 재생 에너지에 대한 관심이 높아지고 개인 및 단체 차원에서 환경 보호 활동이 확대됩니다. 세계 시민들은 ESG에 대한 의식을 높일 수 있는 중요한 역할을 합니다. 사회적 민감성을 높이고 환경 문제에 대한 인식을 높이면 기업들도 더 책임감 있게 행동하도록 격려 받을 것입니다.

나. 지속 가능한 소비와 행동 변화

ESG에 대한 더 많은 정보와 교육은 소비자들이 지속 가능한 제품과 서비스를 선호하도록 격려하고, 개인의 소비 습관과 라이프스타일에 변화를 가져옵니다. 세계 시민들은 환경에 미치는 영향을 고려한 소비 및 행동을 채택하는 경향이 늘어납니다. 세계 시민들이 제품과 서비스를 선택할 때 ESG를 고려하면 기업들은 더 지속 가능하고 윤리적인 제품을 제공하도록 압력을 받습니다. 소비자의 힘은 기업의 행동을 변화시킬 수 있습니다.

다. 사회적 공정성 강화

사회적 ESG는 사회 불평등을 줄이고 사회적 공정성을 강화하는 데 기여합니다. 기업은 다양성과 포용을 증진하고 사회 문제에 대한 관심을 높이기 위해 노력하며, 이는 세계 시민들의 사회적 책임감을 더욱 높입니다.

라. ESG의 원칙의 확산과 보급

최근 몇 년 동안 ESG에 대한 관심과 인식이 급증하고 있습니다. 기업은 ESG를 경영 전략의 핵심 요소로 채택하고 있으며, 투자자들은 ESG를 고려하여 투자 결정을 내립니다. 이로 인해 ESG는 세계 시민의식의 중요한 부분이 되어 가고 있습니다.

마. 가치관과 시민의식의 변화

ESG의 보급화는 세계 시민들의 의식에도 변화를 가져오고 있습니다. 사회적 관심사와 개인의 가치관은 더 지속 가능한 삶과 사회를 추구하도록 이끌고 있습니다. 또한, ESG를 통해 기업과 정부에 대한 요구 사항이 높아지고, 이에 부응하기 위한 변화와 혁신이 필요하게 됩니다.

바. 세계 시민의식을 통한 ESG 실천

(가) 소비자의 영향력: 소비자는 제품과 서비스를 선택함으로써 기업에 영향을 미칩니다. 세계 시민의식이 높은 소비자들은 환경친화적인 제품을 선호하고, 사회적으로 책임감 있는 기업을 지지합니다. 이로써 기업들은 ESG를 실천하도록 유도됩니다.

(나) 투자와 투자자의 역할: 투자자들은 자신의 투자 포트폴리오를 구성할 때 ESG 요소를 고려하고, 기업의 ESG 실천 여부에 주의를 기울입니다. 이로써 ESG를 실천하는 기업에 투자를 유도하고, 비실천 기업에 대한 자금 유출을 촉진합니다.

(다) 시민 참여와 정책 제안: 세계 시민의식이 높은 사람들은 지역사회와 국제사회에서 활발하게 참여하고 정책을 제안합니다. 환경 및 사회 문제에 대한 의견을 제시하고, 변화를 이끌어 내는 역할을 합니다.

세계 시민의식은 ESG를 실천하는 데 있어 중요한 역할을 합니다. ESG 실천을 위한 세계 시민의식은 지구의 미래를 결정하는 데 중요한 역할을 합니다. 환경, 사회, 지배구조의 측면에서 책임감 있는 시민들은 기업과 단체가 지속 가능한 방향으로 발전하도록 돕고 사회적 변화를 촉진하는 데 기여합니다. 이를 통해 기업들은 사회적 책임을 강조하고 환경 보호에 기여하며, 사회적으로 더 공정하고 지속 가능한 세계를 만들어 갈 수 있습니다. 또한, 세계 시민의식은 정부와 국제기구에 영향을 미치고 글로벌 문제 해결에 기여합니다. 따라서 우리는 모두 세계 시민의식을 키우고 ESG

를 실천함으로써 더 나은 미래를 구축하는 데 기여할 수 있습니다. 이러한 노력은 지구와 사회의 지속 가능성을 높이는 데 기여할 것이며, 미래 세대에게 더 나은 환경과 삶의 질을 제공할 것입니다.

제5절. ESG 시민의식의 개념과 중요성

제1항. ESG 시민의식(ESG Citizenship)의 개념

ESG 시민의식(ESG Citizenship)은 환경(Environmental), 사회(Social), 지배구조(Governance)의 세 가지 주요 요소를 중심으로 구성됩니다. 이러한 요소는 기업의 지속 가능성과 사회적 책임을 나타내며, 아래에서 자세히 살펴보겠습니다.

가. 환경(Environmental)

환경 측면에서 ESG 시민의식은 기업과 개인이 생태계에 미치는 영향을 고려합니다. 이는 탄소 배출량 감소, 재생 가능 에너지 사용, 자연 자원 보호 등을 포함합니다. 환경친화적인 사고방식은 지구 환경의 지속 가능성을 보장하며 생태계와 다양한 생물 다양성을 보호하는 데 기여합니다.

나. 사회(Social)

사회 측면에서의 ESG 시민의식은 공정한 사회를 구축하고 사회적 평등을 증진하기 위한 노력을 반영합니다. 기업은 사회적 책임을 다하고 다양한 이해관계자들과 협력하여 사회 문제에 대한 해결책을 찾아야 합니다. 이는 노동자의 권리 보호, 공정한 임금 정책, 사회적 다양성 증진 등을 의미합니다.

다. 지배구조(Governance)

지배구조 측면에서의 ESG 시민의식은 기업 내부의 투명성과 책임성을 강조합니다. 이는 기업의 의사 결정 프로세스가 투명하고 공정하며 이해관계자들의 이익을 고려한다는 것을 의미합니다. 효과적인 지배 구조는 부패와 부적절한 행동을 방지하고 기업의 장기적인 성장을 지원합니다.

제2항. ESG 시민의식의 중요성

ESG 시민의식(ESG Citizenship)은 현대 사회에서 중요한 개념으로 부상하고 있으며 다음과 같은 이유로 그 중요성을 더해 가고 있습니다.

첫째, 지속 가능한 미래 구축입니다. ESG 시민의식은 기업과 개인이 지속 가능한 미래를 구축하는 데 중요한 역할을 합니다. 환경 파괴와 사회적 불평등 문제 등은 글로벌 문제로 대두되고 있으며, ESG 원칙을 준수하는 조직은 이러한 문제에 대한 해결책을 모색하는 중요한 주체로 인식되고 있습니다.

둘째, 지구 환경 보호입니다. ESG 시민의식은 지구 환경을 보호하고 지속 가능한 개발을 촉진하기 위한 중요한 수단입니다. 환경 문제는 모든 산업과 개인에게 영향을 미치며, 이에 대한 대응이 필요합니다.

셋째, 경제적 이점입니다. ESG 시민의식을 가진 기업은 지속 가능한 비즈니스 모델을 구축하고, 투자자와 소비자들로부터 긍정적인 평가를 받을 가능성이 높습니다. 또한 환경 및 사회적 문제에 대한 효과적인 대응은 법적 및 규제적 문제를 피하는 데 도움이 될 수 있습니다.

넷째, 기업의 경쟁력 강화입니다. ESG 시민의식은 기업의 경쟁력을 높일 수 있습니다. 고객들은 지속 가능성과 사회적 책임을 고려하여 제품과 서비스를 선택하는 경향이 있으며, ESG를 준수하는 기업은 브랜드 가치를 향상시키고 고객의 신뢰를 얻을 수 있습니다. 이는 장기적인 경쟁력을 향상시키고 투자자와 소비자로부터 긍정적인 평가를 받을 수 있음을 의미합니다.

다섯째, 사회적 책임 강화입니다. ESG 시민의식은 사회적 책임을 강조합니다. 기업은 이해관계자들과의 긍정적인 관계를 유지하고, 지역사회에 기여하여 긍정적인 사회적 영향을 미칠 수 있습니다. ESG 시민의식은 기업과 개인이 사회에 대한 책임을 인식하고 이를 실천하는 수단으로 작용합니다. 사회적 책임을 다하는 기업은 고객과 노동자들의 신뢰를 얻을 수 있으며, 이는 장기적인 성장과 안정성에 기여합니다.

여섯째, 법적 규제와 지배구조 강화입니다. 많은 국가에서는 ESG를 강조하고, 기업에 대한 규제를 강화하고 있습니다. 이로 인해 ESG 준수는 기업의 법적 책임과 지배구조에 큰 영향을 미치게 됩니다.

일곱째, 글로벌 이슈와의 연결입니다. ESG 시민의식은 지구 온난화, 인권 문제, 사회적 불평등과 같은 글로벌 이슈와의 연결을 강조합니다. 이러한 문제들은 국가 경계를 초월하며 모든 사람들에게 영향을 미칩니다. 따라서 ESG 시민의식을 가진 조직과 개인은 글로벌 문제에 대한 협력과 해결책을 모색하는 중요한 역할을 합니다.

ESG 시민의식은 기업, 정부, 개인의 행동에 중요한 영향을 미치며 지속 가능한 미래를 위한 핵심 요소입니다. 기업은 이러한 원칙을 준수하여 경쟁력을 향상시키고 사회적 책임을 다하며, 개인은 소비와 투자를 통해 지속 가능한 미래를 지원할 수 있습니다. ESG 시민의식은 지속 가능한 사회와 환경을 구축하는 과정에서 필수적인 도구로서 계속해서 발전하고 있습니다. 환경, 사회, 지배구조를 중심으로 고려하는 이러한 접근 방식은 기업, 투자자, 정부, 시민 모두에게 긍정적인 영향을 미칠 수 있습니다. 따라서 ESG 시민의식을 적극적으로 채택하고 실천함으로써 우리는 보다 지속 가능하고 공정한 세상을 구축할 수 있을 것입니다.

제6절. ESG 시민의식과 생활 양식의 변화

제1항. ESG 시민의식의 의미와 중요성

ESG 시민의식은 환경 문제, 사회적 공정성, 기업의 지배구조 등에 대한 인식과 관심을 의미합니다. 기업의 ESG 미션과 더불어 개인의 ESG 시민 의식도 높아지면서 소비자들은 제품 및 서비스를 선택할 때 이러한 요소들을 고려하게 되었습니다. ESG 시민의식은 개인이 환경, 사회, 경영 등의 측면에서 기업 및 조직의 활동에 대한 책임을 강조하는 것을 의미합니다. 이러한 시민들은 지속 가능성을 중요시하며, 자신의 소비 및 투자 결정에 ESG 요소를 고려하는 경향이 있습니다. 이러한 ESG 시민의식은 다음과 같은 이유로 중요합니다.

첫째, 지구 환경 보호입니다. ESG 시민의식은 사회적 차원에서 변화를 이끌어 내는 역할을 합니다. 시민들은 기업과 조직의 ESG 노력을 감시하고, 변화를 요구함으로써 지속 가능한 미래를 위한 노력을 촉진합니다. ESG 시민의식은 환경 문제에 민감하게 반응하며, 지구 환경을 보호하려는 의지를 가지고 있습니다. 이로 인해 미래 세대를 위한 지속 가능한 환경을 위한 노력이 증가하고 있습니다.

둘째, 사회적 공정성입니다. ESG 시민의식은 사회적 공정성에 대한 우려를 포함하며, 인권과 다양성을 존중하는 데 중점을 두고 있습니다. 기업들은 사회적 책임을 더 강조하고 사회 문제 해결에 기여하기 위해 노력하고 있습니다.

셋째, 소비자 행동 변화입니다. 소비자들은 ESG 원칙을 고려하여 제품과 서비스를 선택하고, 지속 가능한 기업을 선호합니다. 이로 인해 기업들은 지속 가능성을 강조하고 환경친화적 제품을 개발하는 경향이 높아지고 있습니다.

넷째, ESG 투자의 증가입니다. 투자자들도 ESG를 고려하여 투자 결정을 내리고 있습니다. ESG 투자는 재무적 성과뿐만 아니라 사회 및 환경적 영향을 고려하는 투자 전략으로 더 많은 투자자들이 채택하고 있습니다.

다섯째, 사회적 공헌입니다. ESG 시민의식은 사회적 책임을 갖고 지역사회 및 사회적 약자를 지원하려는 의지를 갖고 있습니다. 이들은 기업이 사회적 이슈에 대한 적극적인 역할을 수행하는 것을 지지하며, 사회적 책임을 다하는 기업에 대한 긍정적인 평가를 중요하게 생각합니다.

여섯째, 투명한 지배구조입니다. ESG 시민의식은 기업의 투명한 운영과 공정한 지배구조를 요구합니다. 이들은 기업의 의사 결정과 경영 방식에 대한 투명성을 중요시하며, 이를 통해 기업의 신뢰를 구축하려고 합니다.

제2항. ESG 시민의식과 개인의 생활 양식의 연관성

ESG 시민의식은 개인이 환경, 사회, 지배구조와 관련된 이슈에 대한 높은 인식과 이에 대한 책임을 가진 시민을 의미합니다. 이러한 시민은 소비, 투자, 생활 방식 등 다양한 측면에서 ESG 원칙을 고려하며 행동합니다.

가. 소비 패턴의 변화

ESG 시민의식을 가진 사람들은 환경에 미치는 영향을 최소화하고 사회적 가치를 존중하기 위해 더 지속 가능한 제품과 서비스를 선택하는 경향이 있습니다. 이로 인해 기업들은 더욱 친환경 제품을 개발하고 사회적 책임을 다하는 방향으로 전략을 조정하고 있습니다.

나. 투자 및 금융 시장의 변화

ESG 시민의식이 생활 양식에 미치는 영향은 투자와 금융 시장에서도 나타납니다. ESG 원칙을 중시하는 투자자들은 환경과 사회적 이슈에 민감하게 반응하며 이를 반영한 투자를 선호합니다. 이로 인해 기업들은 ESG 지표를 개선하고 보고서를 투명하게 공개하는 등 ESG 기준을 준수하도록 노력하고 있습니다.

다. 지속 가능한 생활 방식의 확산

ESG 시민의식이 높은 사람들은 개인 생활에서도 지속 가능한 선택을 더 많이 합니다. 이러한 선택은 에너지 소비, 폐기물 관리, 교통 수단 선택, 식품 소비 등 다양한 측면에서 나타납니다. 지속 가능한 생활 방식은 환경과 사회에 긍정적인 영향을 미칩니다.

제3항. ESG 시민의식과 소비자 행동의 연관성

ESG 시민의식이 높아지면서 소비자들은 기업의 ESG 성과에 주목하게 되었습니다. 이로 인해 소비자 행동에도 변화가 나타나고 있습니다. 몇 가지 주요한 소비자 행동의 변화를 살펴보겠습니다.

가. ESG 친화적 제품 및 서비스 선호

ESG 시민의식이 높은 소비자들은 환경친화적 제품 및 서비스를 선호합니다. 재활용 가능한 제품, 친환경 에너지 소비를 감소시키는 서비스 등이 더 많은 관심을 받고 있습니다.

나. ESG 친화적 기업 및 브랜드 선택

ESG 원칙을 적용한 기업과 제품에 대한 선호도가 높아집니다. 소비자들은 환경친화적이며 사회적으로 책임감 있는 브랜드와 제품을 선택합니다. 이로 인해 이러한 기업들은 경쟁 우위를 점하게 됩니다.

다. 소비 패턴 변화

ESG 시민의식은 소비 패턴을 변경하며 더 적은 자원을 사용하고 지속 가능한 제품을 구매하려고 노력합니다. 이는 재활용 제품, 친환경 제품, 공정 거래 제품 등의 수요를 증가시킵니다.

라. ESG 투자와 ESG 금융 상품 증가

ESG 시민의식이 높은 소비자들은 ESG 원칙을 따르는 기업에 투자하거나 ESG 관련 금융 제품을 선택하는 경향이 있습니다. 이로 인해 ESG 관련 투자 상품과 서비스의 수요가 증가하고 있습니다.

마. 기업의 사회적 책임 강조

ESG 시민의식이 높은 소비자들은 기업의 사회적 책임을 강조하며, 노동 조건, 인권, 다양성과 포용성 등을 고려하여 제품 및 서비스를 선택합니다. 이로써 기업들은 사회적 책임을 다각도로 고려하고 개선하려는 노력을 강화하고 있습니다.

바. 지속 가능한 라이프스타일

ESG 시민의식은 지속 가능한 라이프스타일로의 전환을 촉진합니다. 개인들은 에너지 소비, 쓰레기 관리, 교통 수단 선택 등 다양한 측면에서 더욱 지속 가능한 선택을 하려고 노력합니다.

사. 투자 및 기부 활동

ESG 시민의식은 지속 가능한 프로젝트 및 기부 활동에 더 많은 관심을 가지며, 이러한 활동에 참여하고 지원합니다.

ESG 시민의식과 소비자 행동 변화는 기업과 사회에 미치는 영향을 크게 변화시키고 있습니다. 이러한 움직임은 기업이 ESG 원칙을 채택하고 지속 가능한 비즈니스 모델을 구축하는 데 큰 도전과 기회를 제공하고 있습니다. 더 나아가, ESG 시민의식과 소비자의 역할은 사회의 지속 가능한 발전을 촉진하고 환경 및 사회적 문제에 대한 해결책을 모색하는 데 중요

한 역할을 할 것으로 기대됩니다. 환경 보호, 사회적 책임, 기업과의 상호
작용, 교육과 정보 접근성 등 다양한 측면에서 ESG 원칙을 존중하고 실천
하는 시민들의 역할이 더욱 중요해지고 있습니다. 이러한 변화는 미래의
지속 가능한 사회를 구축하기 위한 중요한 단계 중 하나로 인식되며, 개인
과 사회가 함께 노력하여 더 나은 미래를 향해 나아갈 수 있을 것입니다.

제7절. ESG 시민의식의 발전 방향

제1항. ESG 시민의식과 개인의 생활 양식의 변화

ESG 시민의식이 높아지면서 개인들의 생활 양식에도 변화가 나타나고 있습니다. 몇 가지 주요한 생활 양식의 변화를 살펴보겠습니다.

가. 환경적 책임 의식의 강화

ESG 시민의식은 환경 보호에 대한 의식을 증가시키고 있습니다. 미세 플라스틱을 줄이고 재활용을 더욱 신경 쓰는 등의 실천적인 노력뿐만 아니라, 환경친화적인 제품과 서비스를 선호하는 경향도 높아지고 있습니다. 이로 인해 환경친화적인 생활용품, 자동차, 에너지 소비 패턴 등이 변화하고 있습니다.

나. 사회적 책임감 강화

ESG 시민의식은 사회적 책임감을 강화하고 있습니다. 기업의 사회적 활동과 미치는 영향에 대한 관심이 높아지면서, 개인들 역시 자선 활동, 자원봉사, 사회적인 문제에 대한 더 많은 관심을 기울이고 있습니다. 또한, 공정한 노동 조건을 지향하며 제품을 구매하는 경향도 높아지고 있습니다.

다. 기업과의 상호 작용 강화

ESG 시민의식은 기업과의 상호 작용을 변화시키고 있습니다. 소비자와 투자자들은 ESG 지표를 활용하여 기업의 성과를 평가하고, ESG 원칙을 준수하지 않는 기업에는 불만을 표현하고 제품이나 주식을 처분하기도 합니다. 이로 인해 기업들은 ESG 원칙을 준수하기 위해 노력하고 있으며, 이는 기업의 행동과 정책을 변화시키는 요인 중 하나입니다.

라. 교육과 정보 접근성 확대

ESG 시민의식의 확산은 교육과 정보 접근성의 중요성을 강조합니다. ESG에 대한 이해와 관련 정보에 쉽게 접근할 수 있는 환경은 시민들이 더 나은 결정을 내릴 수 있도록 돕고 있습니다. 정부와 교육 기관, 민간 단체들은 ESG에 관한 교육을 강화하고 정보를 제공함으로써 ESG 시민의식을 높이는 데 기여하고 있습니다.

제2항. ESG 시민의식의 발전 방향

가. ESG 교육과 인식 확대

ESG 시민의식을 향상시키는 첫 번째 단계는 교육과 인식 확대입니다. ESG에 대한 이해와 중요성을 공공과 민간 부문에서 홍보하고, 교육 기관에서 ESG 교육을 강화해야 합니다. 또한 기업과 정부는 ESG의 역할과 영향을 이해하고 그것을 실천으로 옮기는 방법을 논의하는 플랫폼을 제공해야 합니다.

나. ESG 중심의 투자와 자본 시장의 변화

ESG 시민의식을 향상시키려면 투자와 자본 시장도 변화해야 합니다.

기업들은 ESG 요인을 투자 결정에 반영하고, ESG 성과를 개선하는 데 노력해야 합니다. 투자자 역시 ESG 지표를 고려하여 투자 결정을 내리고 지속 가능한 투자를 촉진해야 합니다.

다. 기업의 사회적 책임 강화

ESG 시민의식을 높이기 위해서는 기업이 환경 보호와 사회적 책임을 강조하는 노력을 지속적으로 발전시켜야 합니다. 이를 위해 기업은 탄소중립을 향한 노력을 강화하고, 공정한 노동 조건을 제공하며 다양성과 포용성을 존중하는 방향으로 노력해야 합니다.

라. 시민 참여 활동 강화

ESG 시민의식의 발전에 있어서 가장 중요한 요소 중 하나는 시민들의 참여와 활동입니다. 시민들은 환경 보호, 사회적 공헌, 윤리적 소비 등의 방법으로 개인적으로 기여할 수 있으며, 또한 이러한 가치를 지지하는 단체와 단체에 가입하여 더 큰 영향을 미칠 수 있습니다.

마. 다자간 협력 강화

ESG는 단일 개인 또는 단일 기업의 노력만으로는 성공할 수 없습니다. 국가 간 협력과 국제기구의 역할이 크게 중요합니다. ESG 문제에 대한 공동 노력을 촉진하고, 국가 간 지배구조와 규제를 조율하여 글로벌 환경과 사회 문제에 대한 대응을 강화해야 합니다.

바. 글로벌 협력 확대

ESG의 발전은 혁신과 협력을 필요로 합니다. 기술과 비즈니스 모델의 혁신은 더욱 지속 가능한 사회를 만들기 위한 핵심입니다. 또한, 기업, 정부, 시민 사회 및 국제기구 간의 협력이 필요하며, ESG를 통한 세계 시민 의식의 변화와 발전을 지원할 것입니다. ESG 문제는 국가를 넘어 글로벌 문제로 인식되고 있습니다. 국제적인 협력과 다자간 접근이 필수적일 것입니다.

사. 투명성과 책임성 강화

ESG 시민의식의 발전을 위해 투명성과 책임성을 강화해야 합니다. 기업은 ESG 정보를 공개하고, 보고 기준을 준수해야 합니다. 또한 정부와 규제 기관은 ESG 보고를 감독하고 규제를 강화하여 기업의 책임성을 증가시켜야 합니다.

아. 기술의 활용 확대

기업은 더 나은 ESG 성과를 위해 혁신과 기술을 적극적으로 활용할 것입니다. 친환경 기술과 사회적 혁신은 ESG 목표 달성에 중요한 역할을 할 것으로 예상됩니다. 빅데이터, 인공 지능, 블록체인과 같은 기술은 ESG 측정과 모니터링을 더 효과적으로 만들 것으로 기대됩니다.

ESG 시민의식의 발전은 우리의 미래를 위한 길을 획기적으로 개척하는 데 도움이 될 것입니다. 교육, 투자, 협력, 기술, 투명성, 책임성을 향상시키는 과정에서 우리는 더 나은 환경, 사회 및 지배 구조를 만들 수 있을 것입니다. ESG는 우리의 개인적인 행동과 기업, 정부, 국제사회의 노력을 통해 지속 가능한 세계를 현실로 만드는 데 필수적인 요소입니다. 환경 보호, 사회적 공헌, 효과적인 지배구조를 채택하고 ESG 원칙을 실천함으로써 우리는 더 지속 가능한, 공정한, 미래 지향적인 세상을 만들 수 있을 것입니다. 이것이 ESG 시민의식의 발전 방향이며, 우리의 미래입니다.

에필로그(Epilogue)

이 책의 저자로서, 나는 그동안의 글쓰기 과정에서 존재하지 않았던 독특한 협력 경험을 하였습니다. 인공 지능 모델인 ChatGPT는 저의 창의적인 고민과 필요에 따라 텍스트를 생성하는 데 도움을 주었습니다. 또한, ChatGPT는 제가 연구한 주제에 대한 추가 정보를 제공하고, 아이디어를 균형 있게 발전시키는 데에도 도움을 주었습니다. 그 결과, 이 책은 새로운 관점과 통찰력을 갖게 되었으며 더 풍부한 내용과 표현력을 가질 수 있었습니다.

하지만, 이 책의 작성은 ChatGPT의 지원만으로 이루어진 것이 아님을 강조하고 싶습니다. ChatGPT는 정보를 제공하는 데 도움을 주었지만, 이 책의 창작 아이디어, 구조, 스토리텔링, 그리고 전반적인 집필 과정은 저자 본인의 지식과 경험, 창작 의지와 글쓰기 역량을 반영한 것입니다. 저자는 ChatGPT가 출력한 텍스트를 검토하고 수정하여 적절한 문맥과 전문성을 유지하면서 최종적인 내용을 완성하였습니다. 따라서, 책의 내용은 저자 본인의 지식과 경험을 기반으로 작성되었으며, ChatGPT는 보조적인 역할을 수행한 것으로서, 서자의 창작적 노력이 이 책의 완성에 주된 역할을 하였음을 밝힙니다. 저자는 ChatGPT를 도구로 활용하면서도 언제나 인간 작가의 역량을 최대한 발휘하려고 노력했습니다. 따라서 ChatGPT 는 기술적인 도움을 주었지만, 이 책의 모든 창작 과정은 인간 작가의 창 의성과 노력에 기반하고 있음을 다시 한번 강조하고 싶습니다.

이러한 AI와 인간 작가의 협업은 미래의 글쓰기와 예술 창작에 대한 새 로운 가능성을 열어 놓고 있으며, 이 에필로그를 통해 그 여정을 기록하고 자 합니다. 마지막으로, 이 책을 읽는 독자들에게 감사의 말씀을 전합니 다. 여러분의 지속적인 지원과 이해에 힘입어 이러한 실험적인 작업을 이 어 나갈 수 있었으며, 앞으로도 더 나은 글쓰기와 아이디어 공유를 위한 노력을 계속하겠습니다. 새로운 가능성을 탐험하는 이 행복한 여정에 함 께해 주서서 감사합니다.

유비쿼터스 ESG 경영과 리더십

ⓒ 이정완, 2023

초판 1쇄 발행 2023년 12월 12일

지은이   이정완
펴낸이   이기봉
편집   좋은땅 편집팀
펴낸곳   도서출판 좋은땅
주소   서울특별시 마포구 양화로12길 26 지월드빌딩 (서교동 395-7)
전화   02)374-8616~7
팩스   02)374-8614
이메일   gworldbook@naver.com
홈페이지 www.g-world.co.kr

ISBN   979-11-388-2573-3 (03320)